CONSTRUINDO O PRIMEIRO PROJETO DE PESQUISA EM EDUCAÇÃO E MÚSICA

Conselho Editorial

Alessandra Teixeira Primo – UFRGS
Álvaro Nunes Larangeira – UFES
André Lemos – UFBA
André Parente – UFRJ
Carla Rodrigues – UFRJ
Cíntia Sanmartin Fernandes – UERJ
Cristiane Finger – PUCRS
Cristiane Freitas Gutfreind – PUCRS
Erick Felinto – UERJ
Francisco Rüdiger – UFRGS
Giovana Scareli – UFSJ
Jaqueline Moll – UFRGS
João Freire Filho – UFRJ
Juremir Machado da Silva – PUCRS
Luiz Mauricio Azevedo – USP
Maria Immacolata Vassallo de Lopes – USP
Maura Penna – UFPB
Micael Herschmann – UFRJ
Michel Maffesoli – Paris V
Moisés de Lemos Martins – Universidade do Minho
Muniz Sodré – UFRJ
Philippe Joron – Montpellier III
Renato Janine Ribeiro – USP
Rose de Melo Rocha – ESPM
Simone Mainieri Paulon – UFRGS
Vicente Molina Neto – UFRGS

Maura Penna

CONSTRUINDO O PRIMEIRO PROJETO DE PESQUISA EM EDUCAÇÃO E MÚSICA

4ª edição

Editora Sulina

© Maura Penna, 2015

Capa: Letícia Lampert
Projeto gráfico e editoração: Niura Fernanda Souza
Revisão: Simone Ceré
Revisão gráfica: Miriam Gress
Editor: Luis Antônio Paim Gomes

Dados Internacionais de Catalogação na Publicação (CIP)
Bibliotecária Responsável: Denise Mari de Andrade Souza – CRB 10/960

P412c

    Penna, Maura
        Construindo o primeiro projeto de pesquisa em educação e música / Maura Penna. – Porto Alegre: Sulina, 4ª edição, 2023.
        200 p.

        ISBN: 978-65-5759-099-7

        1. Pesquisa Acadêmica – Música. 2. Metodologia – Pesquisa. 3. Educação – Pesquisa. 4. Educação Musical – Pesquisa. I. Título.

CDU: 371.124
78
CDD: 780

Todos os direitos desta edição são reservados para:
EDITORA MERIDIONAL LTDA.

Editora Meridional Ltda.
Rua Leopoldo Bier, 644, 4º andar – Santana
Cep: 90620-100 – Porto Alegre/RS
Fone: (0xx51) 3110.9801
www.editorasulina.com.br
e-mail: sulina@editorasulina.com.br

Fevereiro/2023
IMPRESSO NO BRASIL/PRINTED IN BRAZIL

Aos meus filhos e meus alunos, pois com todos compartilho – embora de modos diferentes – esforços, projetos e esperanças. Que eu possa tê-los ajudado a desenvolver suas potencialidades.

Aos meus amigos, colegas e interlocutores da academia, parceiros no desafio de fazer ciência, acreditando sempre na validade do debate de ideias e na necessidade do respeito às divergências.

O melhor aprendizado da pesquisa social é fazê-la; mas, preferencialmente, *"fazê-la sabendo-se o que se faz"*
Gabriel Cohn

SUMÁRIO

Nota à segunda edição 11

Prefácio 13
Sérgio Figueiredo

Introdução: para que um livro como este? 17

Capítulo 1
Conhecimento, ciência, pesquisa: discutindo
nossos pressupostos 25

Capítulo 2
O processo de formulação do problema de pesquisa:
algumas orientações 49

Capítulo 3
O projeto de pesquisa 63

Capítulo 4
A revisão bibliográfica e sua função 73

Capítulo 5
Os objetivos de pesquisa:
sua importância e sua formulação 83

Capítulo 6
Decidindo-se quanto à hipótese 93

Capítulo 7
Alternativas metodológicas na pesquisa qualitativa:
o estudo de caso e outras abordagens 101

Capítulo 8
Trabalhando com fontes documentais 117

Capítulo 9
A observação na pesquisa qualitativa
sobre temas educacionais 127

Capítulo 10
O uso de entrevistas e questionários na
pesquisa qualitativa em educação 137

Capítulo 11
A definição do encaminhamento da pesquisa:
orientações operacionais 147

Capítulo 12
A análise dos dados: algumas diretrizes básicas 155

Capítulo 13
Ética na pesquisa em educação / educação musical:
algumas reflexões 165

Capítulo 14
Para finalizar 173

Apêndice 177
Sugestões para o professor

Referências 191

NOTA À SEGUNDA EDIÇÃO

Esta segunda edição, além de alguns ajustes pontuais no texto, traz uma versão atualizada do Capítulo 13 – *Ética na pesquisa em educação / educação musical: algumas reflexões* –, incorporando indicações da *Resolução nº 510, de 7 de abril de 2016*, do Conselho Nacional de Saúde, que trata especificamente da ética nas pesquisas das ciências humanas e sociais. Apresenta, ainda, um apêndice com sugestões de atividades para os professores que queiram utilizar o livro em disciplinas de graduação voltadas para a construção do projeto de pesquisa para o Trabalho de Conclusão de Curso/TCC.

Maura Penna
João Pessoa, maio de 2017

PREFÁCIO

A pesquisa acadêmica na universidade brasileira tem se constituído como requisito obrigatório para os cursos de pós-graduação *stricto sensu* – mestrado e doutorado – há vários anos. Neste nível educacional, a realização de uma pesquisa tem como pressuposto a produção de conhecimento nas diversas áreas, o que exige de seus autores a compreensão do processo de investigação em diferentes graus de complexidade, desde a elaboração de um projeto de pesquisa até a produção de relatórios sob a forma de dissertações e teses, além de textos científicos que são publicados em anais de congressos, periódicos, livros e outros formatos.

Nos últimos anos, a experiência com pesquisa tem ganhado novos espaços, além daqueles tradicionalmente estabelecidos nos cursos *stricto sensu*. Os cursos de especialização *lato sensu*, por exemplo, também podem inserir a pesquisa em suas propostas, solicitando a elaboração de monografias ou artigos acadêmicos como requisito para sua finalização, e tais experiências envolvem em maior ou menor profundidade o contato com vários aspectos da pesquisa científica.

Mas é na graduação que se observa uma crescente inclusão de componentes curriculares que aproximam os estudantes das atividades de pesquisa. Em muitos cursos, disciplinas são oferecidas com o objetivo de tratar questões de metodologia da pesquisa, elaboração de projetos e, em muitos casos, disciplinas relacionadas à preparação e produção do Trabalho de Conclusão de Curso – TCC. Mesmo que em diversos contextos o

TCC não exija necessariamente a realização de uma pesquisa científica com todas as suas etapas, componentes da atividade de pesquisa estarão obrigatoriamente implícitos nos processos de elaboração e execução deste tipo de trabalho acadêmico, por mais simples que ele seja.

A literatura que aborda assuntos referentes à pesquisa é vasta e diversificada, tratando, por exemplo, de vários elementos teóricos que incluem a discussão sobre o conceito de ciência, sua aplicação em diferentes áreas de conhecimento, os pressupostos para que um trabalho seja considerado científico, a apresentação e discussão dos paradigmas que regem a ciência contemporânea, dentre outros. Esta literatura também apresenta títulos que se dedicam de forma específica aos modelos metodológicos adotados para o desenvolvimento de trabalhos de investigação, incluindo a aplicação de tais modelos para a realização de diferentes tipos de pesquisa. Métodos de pesquisa, instrumentos de coleta de dados, análise de dados e a escrita de relatórios em vários formatos acadêmicos se constituem como conteúdos de diversas publicações disponíveis para pesquisadores e estudantes.

Nesta literatura da área de pesquisa percebe-se que muitas destas publicações destinam-se a quem já possui alguma experiência com pesquisa acadêmica e que pode se valer destes textos para a compreensão e o aprofundamento de temas relevantes para a realização de seus trabalhos. Tal literatura, em sua grande maioria, está direcionada para os estudos de pós-graduação *stricto sensu*, mas nem sempre é adequada para aqueles estudantes que estão iniciando suas experiências com o universo da pesquisa científica.

A presente publicação, assinada pela professora Maura Penna, traz uma contribuição importante exatamente para aqueles estudantes que estão sendo introduzidos na pesquisa acadêmica, especialmente com relação à construção de seu primeiro projeto, que, em muitos casos, está relacionado à elaboração do TCC.

Acumulando experiências nas áreas de educação musical e pedagogia, a autora sintetiza nesta publicação elementos fundamentais para a elaboração de um projeto de pesquisa por parte de estudantes de graduação tanto da área de educação quanto da área de educação musical. Com um texto extremamente claro, objetivo e propositivo, a autora conduz os leitores pelas diversas etapas que envolvem a preparação e a execução de um primeiro projeto de pesquisa. Cada capítulo do livro apresenta focos específicos, trazendo referências da literatura que podem complementar o entendimento e o aprofundamento dos conteúdos tratados. Exemplos esclarecedores de cada assunto são apresentados e discutidos ao longo do texto, facilitando a compreensão dos vários aspectos abordados. Alguns capítulos sugerem atividades a serem feitas passo a passo, promovendo o exercício e o entendimento das diversas etapas do projeto de pesquisa.

Com esta publicação, a literatura da área de metodologia ganha uma contribuição importante ao apresentar e discutir diversos temas referentes ao trabalho de pesquisa de forma acessível àqueles que estão se iniciando nessa prática. Mas o texto certamente será útil também para outros públicos, incluindo pesquisadores mais experientes, na medida em que trata didaticamente de assuntos que afetam a pesquisa acadêmica em qualquer nível de realização.

Assim, utilizando as palavras da autora, "este livro configura *uma* abordagem das várias questões envolvidas – dentre outros enfoques possíveis." Sem dúvida alguma, esta abordagem receberá a atenção de muitos pesquisadores e professores universitários que atuam na orientação de trabalhos acadêmicos.

Sérgio Figueiredo
Florianópolis, abril de 2015

INTRODUÇÃO:
para que um livro como este?

É relativamente fácil *falar sobre* pesquisa. Encontramos base para tanto em inúmeros textos sobre o tema – dentre artigos, livros, manuais –, pois fontes a respeito não faltam, de modo que podemos com certa tranquilidade retomar e repetir as colocações de diferentes autores. No entanto, tarefa bem diferente é ser capaz de se apropriar dos diversos conhecimentos proporcionados por essas leituras, e com base neles *construir conscientemente um projeto de pesquisa pessoal e coerente*. E este desafio coloca-se inclusive para o aluno de graduação, já que os currículos das licenciaturas (seja em pedagogia, em música ou de qualquer outra área) exigem atualmente uma monografia de final de curso – o Trabalho de Conclusão de Curso (TCC) – que usualmente está ligada a uma atividade de pesquisa.

Para muitos desses estudantes, esta será a primeira experiência em pesquisa científica, certamente trazendo dificuldades a serem enfrentadas, mas também a oportunidade de crescimento acadêmico, pessoal e intelectual. Neste sentido, acreditamos ser fundamental que essa experiência – mesmo que inicial, simples e delimitada às possibilidades de um estudante de graduação – seja marcada pelos princípios do rigor científico, alcançando um patamar acadêmico diferenciado daquele com que o termo "pesquisa", banalizado, vem sendo muitas vezes empregado na educação básica para atividades de mera reprodução de textos. Assim, consideramos que este é um momento crucial na formação de novos pesquisadores, na preparação para a continuação de estudos em pós-graduação, de forma que, apesar do desafio, é preciso evitar a solução fácil de fazer do TCC mais um trabalho de "pesquisa" apenas de base bibliográfica, até mesmo sem reflexão crítica. E o esforço de aprendizagem e de crescimento que a realização de uma primeira pesquisa científica requer tem como contrapartida a possibilidade de satisfação e realização pessoal, se tal tarefa não for tomada apenas como uma exigência curricular a cumprir, mas como uma atividade que pode (e deveria) ser significativa para a formação pessoal e profissional.

Temos trabalhado com disciplinas voltadas para a construção do primeiro projeto de pesquisa para o TCC, tanto na Licenciatura em Pedagogia – na Universidade Estadual da Paraíba/UEPB (entre 2005 e 2009) – quanto na Licenciatura em Música – na Universidade Federal da Paraíba/UFPB (a partir de 2010). Inicialmente, empregávamos nessas disciplinas textos de diversas fontes para tratar dos conteúdos do plano de curso, mas fomos percebendo a dificuldade de passar do falar sobre pesquisa à construção consciente de um projeto pessoal – como já apontado. Assim, fomos aos poucos fazendo delimitações, abrindo mão da pretensão de abarcar todas as possibilidades de pesquisa e buscando, ao invés disso, um processo pedagógico mais focalizado na compreensão das questões e princípios básicos necessários a uma primeira experiência de pesquisa científica. Com este intuito, elaboramos progressivamente alguns textos didáticos que procuravam tratar de maneira mais operacional dos elementos necessários para a construção do projeto de pesquisa.

Este livro é fruto dessa experiência e apresenta esse material produzido entre os anos de 2006 e 2014: parte dos textos que constituem os seus capítulos já foi empregada em sala de aula, sendo, a partir dessa prática, revistos e ajustados conforme as necessidades pedagógicas, até chegar à versão aqui apresentada. Esse material foi, portanto, devidamente revisado, atualizado e também complementado, com a elaboração de novos capítulos, de modo a compor, neste livro, um conjunto articulado de textos, que esperamos seja capaz de apoiar consistentemente o processo de elaboração de um primeiro projeto de pesquisa na área de educação musical ou da educação em geral.

O campo disciplinar da educação musical, embora subordinado à área de música, está voltado especificamente para as questões de ensino e aprendizagem nessa linguagem artística específica[1]. Assim como Pozzebon (2004a, p. 21), situamos a pedagogia (educação) no campo das ciências humanas, e entendemos que também neste campo encontra-se a educação musical, que, tomando como objeto os processos pedagógicos em música e os fatores neles envolvidos, é marcada pela interseção com a área de educação/pedagogia[2]. A esse respeito, concordamos com o posicionamento de Sílvia e Jorge Schroeder (2004, p. 209), que, considerando "a música como uma linguagem significativa", procuram "encontrar um local apropriado para a pesquisa em música", propondo então aproximar todos os fenômenos musicais da visão das ciências humanas. Nesta mesma direção, Freire (2010, p. 85) aponta a interdisciplinaridade na pesquisa em música "como uma necessidade, e não como um artifício".

Nas discussões ao longo deste livro, portanto, exemplos específicos da educação musical configuram-se também como exemplos do campo da educação, assim como quaisquer referências ao processo de alfabetização ou ao ensino e aprendizagem

---

[1] Sobre a concepção de música como uma linguagem culturalmente construída, ver Penna (2015 – cap. 1 e 4).
[2] Na classificação empregada pelo CNPq na Plataforma Lattes, a música faz parte da área de Artes, enquanto a educação integra a grande área das Ciências Humanas.

em matemática, dentre tantas outras possibilidades. No entanto, procuramos também apresentar alguns exemplos específicos para a área de pedagogia – especialmente nos capítulos que tratam de elementos essenciais para a elaboração de um projeto –, pois pretendemos que este trabalho seja capaz de apoiar o processo de elaboração de um primeiro projeto de pesquisa tanto na área de educação musical quanto da educação em geral.

Pelo objetivo deste livro e pela busca de um caráter operacional para a discussão das questões sobre pesquisa e as indicações para a elaboração do projeto, fizemos escolhas e opções que certamente não contemplam todas as concepções ou propostas. Como será discutido no Capítulo 1, existem distintas concepções de ciência, e, por conseguinte, de pesquisa e de projeto, de modo que é impossível pretender uma abordagem que englobe todas as perspectivas. No entanto, nossas escolhas são conscientes, refletindo nossas próprias concepções e prioridades, pretendendo ainda, por outro lado, atender à proposta de sustentar a elaboração consciente de um primeiro projeto de pesquisa, considerando ainda os limites com que trabalhamos[3], que acreditamos ter similaridade com outros currículos de licenciatura. Como não pretendemos apresentar nossa abordagem como única, modelar ou consensual, procuramos sinalizar, ao longo do texto, as diferenças em relação a outras perspectivas[4], embora sem aprofundar as discussões a respeito, pois isto comprometeria o caráter operacional que propomos para este material.

Iniciando nossa discussão e procurando fundamentá-la, o Capítulo 1 – *Conhecimento, ciência, pesquisa: discutindo nossos pressupostos* – busca caracterizar o conhecimento científico e

---

[3] Na Licenciatura em Música da UFPB, a disciplina Trabalho de Conclusão de Curso I, destinada à elaboração do projeto de pesquisa para a monografia de graduação, tem a carga horária de 45 h, com 15 aulas durante um semestre.
[4] Isto é feito de modo sintético, muitas vezes através de notas de rodapé.

como este ganha especificidade nas ciências humanas, discutindo algumas alternativas de pesquisa nesta área e os critérios que caracterizam a pesquisa científica em qualquer campo de estudo, não importa qual seja o seu objeto ou o material que se analisa.

Os Capítulos 2 a 6 apresentam e discutem os diversos elementos de um projeto de pesquisa, buscando conduzir a sua construção progressiva, e para tanto, ao final de cada um desses capítulos, apresentamos propostas de tarefas, visando a elaboração pessoal dos elementos discutidos. O Capítulo 2 – *O processo de formulação do problema de pesquisa: algumas orientações* – focaliza o problema/questão de pesquisa como ponto de partida de todo o processo investigativo. O Capítulo 3 – *O projeto de pesquisa* – apresenta nossa proposta de estruturação de um projeto de pesquisa, discutindo alguns de seus elementos, especialmente a justificativa. Já o Capítulo 4 – *A revisão bibliográfica e sua função* – aborda esse importante elemento do projeto, também denominado de revisão de literatura, que tem a função de situar a sua proposta em relação à produção da área. Por sua vez, o Capítulo 5 – *Os objetivos de pesquisa: sua importância e sua formulação* – avança no direcionamento da pesquisa, na medida em que os objetivos indicam as ações a serem realizadas no curso da pesquisa. Tratando de um elemento não obrigatório nas pesquisas em ciências humanas, que, no entanto, deve ser objeto de reflexão, temos o Capítulo 6 – *Decidindo-se quanto à hipótese*[5].

---

[5] Pela lógica da estruturação do projeto, o capítulo sobre hipótese é apresentado como o sexto. No entanto, conforme a disponibilidade de tempo e o cronograma de atividades no processo de elaboração do projeto ou no curso ou disciplina voltada para esse processo, a leitura e discussão desse capítulo pode ser adiada para o momento anterior ao Capítulo 11 – *A definição do encaminhamento da pesquisa: orientações operacionais*. Como a hipótese não é um elemento obrigatório na pesquisa em ciências humanas, pode-se adiantar, se for conveniente, a abordagem dos conteúdos dos Capítulos 7 a 10,

Os quatro capítulos seguintes constituem uma base para as definições metodológicas da pesquisa. Sem pretender esgotar suas temáticas, tratadas por inúmeras fontes, são abordados os aspectos essenciais de cada assunto, com vistas à proposta de construção de um primeiro projeto de pesquisa. O Capítulo 7 – *Alternativas metodológicas na pesquisa qualitativa: o estudo de caso e outras abordagens* – é complementado pela discussão das principais fontes de dados e técnicas de coleta em: Capítulo 8 – *Trabalhando com fontes documentais*; Capítulo 9 – *A observação na pesquisa qualitativa sobre temas educacionais,* e Capítulo 10 – *O uso de entrevistas e questionários na pesquisa qualitativa em educação.*

Finalmente, o Capítulo 11 – *A definição do encaminhamento da pesquisa: orientações operacionais* – retoma o processo de construção progressiva do projeto, enfocando as decisões metodológicas, que são objeto da tarefa proposta ao final do capítulo. Por sua vez, o Capítulo 12 – *A análise dos dados: algumas diretrizes básicas* – trata desse importante momento da pesquisa.

Para encerrar os temas necessários para a elaboração do primeiro projeto de pesquisa, abordamos ainda as questões éticas envolvidas, no Capítulo 13 – *Ética na pesquisa em educação / educação musical: algumas reflexões.* Com ele não pretendemos esgotar essa complexa temática, mas já afirmamos a sua indispensabilidade para a formação do pesquisador. Segue-se, então, com caráter conclusivo, o Capítulo 14 – *Para finalizar.*

Esta 2ª edição apresenta, ainda, o Apêndice – *Sugestões para o professor.* Com base em nossa experiência com disciplinas de graduação voltadas para a construção do projeto de pesquisa

---

que constituem uma base para as definições metodológicas do Capítulo 11. No entanto, antes destas definições, já deve estar decidido se o projeto vai ou não fazer uso de hipótese, de modo que o capítulo a respeito precisa ser estudado antes desse momento.

para o TCC, elencamos algumas possibilidades para explorar pedagogicamente este livro. Fechamos com a lista de referências, que traz indicações de fontes às quais é possível recorrer para aprofundar o estudo das diversas questões tratadas.

Agradecemos ao Departamento de Educação Musical da UFPB a concessão de licença de capacitação de 90 dias, durante o 2º semestre de 2014, que permitiu concluir o processo de construção deste livro. Apesar de parte do material ter sido progressivamente elaborado ao longo de nossa prática docente nas disciplinas sobre o tema, como anteriormente assinalado, sua finalização não seria possível tão cedo se não tivéssemos a oportunidade de nos concentrar nessa tarefa, durante esse período.

Apesar de sua clara intenção de apoiar a construção do primeiro projeto de pesquisa, esperamos que este material possa também ser útil a outros níveis acadêmicos, na medida em que seu caráter mais operacional pode ajudar na articulação coerente entre os diversos elementos do projeto, em sua estruturação básica. E essa primeira configuração poderá ser ampliada ou reelaborada na pós-graduação, por exemplo, a partir do aprofundamento dos estudos sobre pesquisa e sobre outras abordagens metodológicas. Qualquer que seja o nível acadêmico, no entanto, cabe ressaltar a constante necessidade de apropriação pessoal e crítica de qualquer texto, de qualquer proposta de projeto, inclusive desta que aqui apresentamos. Pois, como apontado de início, é relativamente fácil *falar sobre* pesquisa, enquanto tarefa bem mais desafiadora é *construir conscientemente um projeto de pesquisa coerente.*

1
CONHECIMENTO, CIÊNCIA, PESQUISA:
discutindo nossos pressupostos

Antes de pretender discutir a elaboração de um projeto de pesquisa, é importante compreender como o campo científico se caracteriza e como se diferencia do conhecimento cotidiano e do senso comum. Apenas sobre essa base será possível fundamentar uma proposta acadêmica de pesquisa que possa contribuir para a formação consistente do pesquisador. Assim, este capítulo visa discutir essas noções básicas, que constituem nossos pressupostos, procurando destacar as diferenças entre as concepções de ciência e de pesquisa que se originam nas ciências da natureza e aquelas que buscam atender à especificidade das ciências humanas, com especial ênfase nas abordagens qualitativas.

Conhecimento cotidiano e conhecimento científico

Para iniciar nossa discussão, vamos pegar um enunciado corrente, que talvez já tenha sido dito por alguns leitores deste texto: "Sempre chove no feriado". Esta afirmação expressa claramente um *conhecimento do senso comum*, um conhecimento do cotidiano, derivado de nossas experiências de vida, incluindo nossa frustração quando um passeio de feriado é "estragado" pela chuva – apesar de, na verdade, nunca termos feito um estudo sistematizado a respeito. No senso comum, portanto, basta que o conhecimento seja útil ou tradicionalmente aceito para ser considerado válido.

O *conhecimento científico*, por sua vez, é "um tipo especializado de conhecimento", que tem características próprias, procedimentos e critérios específicos para garantir a sua validade.

> A ciência é um corpo de conhecimentos sistematizados, formulados metódica e racionalmente, ou seja, a ciência é um tipo especializado de conhecimento que, em constante interrogação de seu método, suas origens e seus fins, procura obedecer a princípios válidos e rigorosos, almejando, especialmente, coerência interna e sistematicidade (Setti, 2004, p. 13).

Então, se quiséssemos de fato realizar uma pesquisa científica sobre a chuva nos feriados, ela se iniciaria pela necessidade de definir com clareza as noções envolvidas:

- De que *feriado* estamos falando – estadual, municipal, nacional, letivo/escolar, o dia imprensado entre um feriado nacional e o final de semana?

- O que consideramos como *chuva* no feriado? Qualquer gotinha de chuva, em qualquer momento do dia ou da noite, configura que "choveu" no feriado? Ou será adotado algum critério mínimo para poder dizer que "choveu" no feriado? E qual critério seria esse: seria indicado em "tempo de chuva" (duração) ou "quantidade de chuva" (milímetros cúbicos)?

Seria imprescindível, ainda, delimitar o espaço geográfico objeto de nossa pesquisa: chuva nos feriados na cidade x ou no estado *y*. Com base nesta delimitação, então, seria planejada uma coleta controlada de dados, pois não bastaria uma única e rápida observação isolada, em um só ponto do território, para verificar a incidência de chuvas nos feriados. Seriam necessárias diversas observações e medições (da duração ou da quantidade de chuva, conforme o critério adotado), realizadas com regularidade e abarcando diversos pontos do território delimitado, para que se pudesse, com base numa análise sistematizada de todos os dados coletados, chegar a uma conclusão. E, certamente, a conclusão de uma pesquisa científica assim concebida não chegaria a uma afirmação como a que apresentamos inicialmente, com alto grau de generalidade e imprecisão; isso quer dizer que dificilmente seria possível afirmar que "*sempre* chove ou não chove". Uma conclusão mais provável seria aproximadamente nos seguintes termos: "na cidade *x*, durante o período *y* (determinado ano, por exemplo), houve incidência de chuvas (conforme definição preliminar) em *tantos* % dos feriados nacionais".

A pesquisa sobre a chuva nos feriados é, sem dúvida, uma situação hipotética e "brincalhona", apenas para exemplificar algumas características do conhecimento científico em contraste com o conhecimento do senso comum – o caráter sistematizado, metódico e racional da ciência, como indicado por Setti (2004, p. 13) em citação anterior. No entanto, para a realização de uma pesquisa científica, cabe, ainda, avaliar sua viabilidade e relevância. E para tornar tal pesquisa viável, seria possível tomar como base dados (de cunho documental) coletados sistematicamente por órgãos dedicados ao monitoramento do clima e à previsão do tempo. Dados desse tipo permitem indicar a probabilidade de incidência de chuvas, o que pode, por exemplo, sustentar estratégias visando o desenvolvimento do turismo, como no caso do "seguro sol", promovido pela Secretaria do Turismo do Governo do Estado do Ceará[1].

Por outro lado, o conhecimento científico é necessariamente reflexivo, ou seja, ele constantemente questiona o seu próprio método, suas origens e seus fins, procurando garantir a sua validade (Setti, 2004, p. 13-14). Neste sentido, Karl Popper, filósofo da ciência, considera como característica essencial e determinante do conhecimento científico o *princípio da refutabilidade* (ou *falseabilidade*):

> [...] o mérito central da ciência não é colocar hipóteses que são confirmadas pelos dados empíricos colecionados enquanto "provas", mas o de propor hipóteses que possam ser refutadas por esses dados. Noutros termos, uma teoria científica é aquela que contém afirmações (hipóteses) que podem ser testadas e, eventualmente, contraditadas pelos fatos. Afirmações imunes a testes e, portanto, sempre verdadeiras não servem para informar qualquer coisa sobre a realidade. A maior consequência dessa concepção é que as teorias científicas devem ser consideradas hipóteses constantemente submetidas a testes, sobre as quais não se pode afirmar jamais que estejam, definitivamente, provadas ou que sejam, incontestavelmente, verdadeiras (Popper, 1993, apud Setti, 2004, p. 14).

Sendo assim, o conhecimento científico opõe-se ao dogma – princípio tomado como "inquestionável" por uma questão

---

[1] "O Seguro Sol é uma estratégia do Governo do Estado, desenvolvida por meio da Secretaria do Turismo (Setur) [...] que tem o objetivo de divulgar e promover o destino Ceará" na baixa estação (SETUR/CE, [2009]). Em sua quarta edição, em 2011, essa ação promocional passa a ser denominada "Garantia de Sol Ceará", sendo assegurado a quem comprar um pacote de oito dias de duração, com viagem entre 1º de agosto e 30 de dezembro de 2011, que, *"em caso de chuva por mais de duas horas, entre 11 horas e 16 horas, e em pelo menos três dias de estadia, o cliente tem direito a outro pacote de viagem"* (SETUR/CE, 2011 – grifos nossos).

de fé – ou ao "discurso de autoridade" – aceito como "verdade" pela posição de poder de seu enunciador e/ou por seu *status* (social, político ou até mesmo acadêmico). Isto porque o conhecimento produzido pela ciência pode, por princípio, ser questionado; assim, diante de novas descobertas ou novas proposições teóricas, pode vir a se mostrar falso, pode vir a ser refutado. Isto indica a importância – ou mesmo a necessidade – da constante discussão de ideias no meio acadêmico e científico, como condição para o desenvolvimento de qualquer área de conhecimento. Ao mesmo tempo, o princípio da falseabilidade (ou refutabilidade) explicita o *caráter provisório de nosso conhecimento*, que é construído progressivamente, através de um processo coletivo.

Tais questões podem ser exemplificadas com clareza pelo processo de revisão do conceito de planeta e da configuração do sistema solar, ocorrido em 2006:

> A União Astronômica Internacional, reunida em seu encontro realizado em Praga, República Checa, resolveu um dos temas mais discutidos no cosmos ao aprovar uma definição específica que dá ao nosso sistema solar apenas oito planetas, ao invés dos nove que a maioria de nós cresceu memorizando (Nasa, 2006).

O fato é que o desenvolvimento de recursos tecnológicos que permitiram a ampliação das possibilidades de observação do cosmos levou à descoberta, nas últimas décadas, de outros corpos celestes com características semelhantes às de Plutão, o (até então) menor planeta do sistema solar. Diante dessas novas descobertas, ou esses novos objetos (como asteroides) eram incluídos como membros do sistema solar, ou necessariamente o conceito de planeta deveria ser revisto, e com isso Plutão seria excluído. A União Astronômica Internacional, que reúne cientistas do mundo inteiro, optou por rever o conceito de planeta, e com isso o sistema solar ganhou nova configuração: "A decisão foi rebaixar Plutão a planeta-anão" (Plutão..., 2006). O conhecimento estabelecido até aquele momento foi, portanto, refutado diante de novas descobertas de fenômenos do mundo natural, implicando também, neste caso, mudanças teóricas relativas às definições e classificações aplicadas aos objetos celestes.

As ciências da natureza e o "modelo" científico

Até mesmo pelo processo histórico de desenvolvimento das ciências, o "modelo" científico é tributário das ciências da natureza:

> Aquilo que chamamos de "ciência moderna" se iniciou nos séculos XVI e XVII, com Francis Bacon e Galileu Galilei. Especialmente, este último foi responsável pela concepção de um saber baseado em observações empíricas e experimentações, que utilizava a linguagem matemática para descrever, quantitativamente, os fenômenos e unia o saber teórico e o saber técnico [...] (Pozzebon, 2004a, p. 24).

Assim, nas ciências "duras" – física, química, biologia etc. –, o conhecimento científico tem que ser experimentalmente comprovado para ter validade universal. Neste quadro, cabe à ciência formular leis, permitir previsões etc.

Pretendeu-se também aplicar esse mesmo modelo ao conhecimento científico do ser humano, seu comportamento, suas sociedades e suas culturas. Até hoje, em diversos aspectos, há quem procure impor às ciências humanas e sociais esse modelo de ciência, sem considerar a especificidade destes campos científicos, a complexidade de seu objeto de conhecimento: o ser humano, quer seja tomado individual ou coletivamente.

> Não é possível estudá-lo como se fosse apenas um animal, pois seu comportamento não obedece a leis determinísticas; dotado de liberdade, razão, criatividade, vontade e desejo, o ser humano cria variadíssimas manifestações de sua subjetividade, cria objetos materiais e imateriais dotados de significação, organiza-se em sociedades segundo relações sem paralelo com as relações naturais e produz seu próprio sustento, forçando a natureza a fornecer-lhe alimento. Nem mesmo sua fisiologia escapa das interferências provocadas pela criação cultural (Pozzebon, 2004a, p. 25).

Neste quadro, querer impor às ciências humanas e sociais os mesmos critérios de cientificidade que regem a produção de conhecimento no campo das ciências da natureza é como pretender que as ciências humanas vistam uma roupa que não lhes pertence e que nunca irá se ajustar adequadamente às suas dimensões ou às suas necessidades. Além dos pontos já expostos, devemos lembrar que nas ciências humanas o pesquisador tem um envolvimento diferente, pois ele também partilha dessa humanidade, estando imerso em uma sociedade e uma cultura, as quais, ao mesmo tempo que constituem o seu objeto de estudo, condicionam o seu olhar, sua capacidade de perceber e compreender. Esta perspectiva opõe-se, portanto, "à visão positivista de objetividade e de separação radical entre sujeito e objeto da pesquisa" (Goldenberg, 2000, p. 19).

Por outro lado, a complexidade dos fenômenos humanos e sociais e suas características próprias colocam limites para a experimentação, nos moldes como aplicada nas condições controladas de um laboratório de biologia, por exemplo. O entrecruzamento de diversos fatores e elementos num mesmo fenômeno ou acontecimento dificulta a sua replicação[2] e o estabelecimento de relações causais que possam ser comprovadas indubitavelmente. Ou, como coloca Zavaglia (2008, p. 470-471), as múltiplas relações do homem com a realidade social são complexas, dinâmicas, instáveis, mutáveis e passageiras, de modo que as ciências humanas não podem analisar a realidade apenas com base naquilo que pode ser observado e quantificado. Assim, não se pode deixar de considerar a especificidade das ciências humanas e sociais:

> Um objeto tão especial pede métodos especiais para conhecê-lo, técnicas de observação apropriadas, conceitos específicos, esquemas explicativos adequados e, mesmo, *uma noção de ciência construída com pressupostos diferentes*. É ingênuo criticar as ciências humanas por não serem "exatas" ou por não proporcionarem previsões rigorosas como as ciências naturais. Os seres humanos são complexos demais para poderem ser descritos por esquemas matemáticos ou leis incapazes de levar em conta a interioridade da consciência humana, os infinitos fatores que podem afetar seu comportamento ou ainda a deliberação de protagonizar o próprio existir (Pozzebon, 2004a, p. 26 – grifos nossos).

Na busca de abordagens e métodos apropriados, desenvolveu-se, no campo das ciências humanas e sociais, a pesquisa qualitativa, voltada para *compreender*, em lugar de *comprovar*.

Os pesquisadores que adotam a abordagem qualitativa se opõem ao pressuposto que defende um modelo único

---

[2] No método experimental, a *replicação* – ou seja, a repetição do experimento nas mesmas condições e com os mesmos resultados – é um importante critério de validação (cf. Bachrach, 1975, p. 23-25, 60-61).

de pesquisa para todas as ciências, baseado no modelo de estudo das ciências da natureza. Estes pesquisadores se recusam a legitimar seus conhecimentos por processos quantificáveis que venham a se transformar em leis e explicações gerais. Afirmam que as ciências sociais têm sua especificidade, que pressupõe uma metodologia própria (Goldenberg, 2000, p. 16-17).

No entanto, coexistem nas ciências humanas diversas concepções de pesquisa, de caráter quantitativo ou qualitativo, ou ainda propostas que procuram articular esses dois enfoques[3].

Alternativas de pesquisa nas ciências humanas

Mesmo no campo específico das ciências humanas e sociais, não há uniformidade ou consenso em relação às concepções de ciência ou aos modelos de pesquisa. Essas divergências podem ser exemplificadas pelas discussões a respeito da "linguagem científica", que podem ser percebidas nos padrões de redação recomendados por diferentes manuais. Por um lado, seguindo princípios positivistas de "neutralidade" e "objetividade", há autores que preconizam o uso de uma "linguagem impessoal" nos relatórios e textos científicos: não se pode, portanto, deixar aparecer a figura do pesquisador através do uso de pronomes de primeira pessoa (do singular ou do plural), e emprega-se, então, a voz passiva – "os dados foram coletados...." – e construções que têm como sujeito os elementos da pesquisa – "os dados mostram que..." –, como se não existissem agentes ativos (os pesquisadores) e a pesquisa se realizasse por si mesma (cf. Ma-

---

[3] A esse respeito, ver Flick (2004, p. 273-275), Goldenberg (2000, p. 61-67), Brandão (2002, p. 28-29) e, especificamente quanto à área de educação musical, Figueiredo (2010, p. 160-166) – entre outros.

chado, 1987; Raposo, 2011, p. 20-21). Em direção oposta, podemos destacar a tendência de explicitar os posicionamentos e escolhas do pesquisador, através do uso da primeira pessoa – até mesmo do singular ("eu"), em caso de trabalhos individuais[4]. Tais posicionamentos, na verdade, refletem distintas concepções do papel do pesquisador e de sua relação com o objeto de pesquisa. Por conseguinte, fica claro que não é através de algum padrão de redação ou de outros aspectos formais que os critérios de cientificidade podem ser garantidos.

De fato, as diversas propostas de pesquisa expressam, muitas vezes, concepções distintas de ciência, mas a verdade é que cada qual pode atender a determinado enfoque e a certa necessidade na nossa relação com o mundo e com aquilo que buscamos conhecer. Em outros termos, não existe um método único, de modo que a abordagem, o encaminhamento da pesquisa, depende de nossos objetivos: "O que determina como trabalhar é o problema que se quer trabalhar: só se escolhe o caminho quando se sabe aonde se quer chegar" (Goldenberg, 2000, p. 14). Assim, como discutiremos a seguir, se queremos uma visão de conjunto, a pesquisa quantitativa, com tratamento estatístico dos dados, pode ser a mais adequada, enquanto um estudo de caso, de caráter qualitativo, pode ser a opção mais útil para investigar um fenômeno particular, em sua especificidade e profundidade.

---

[4] Durante o XV EPENN / Encontro de Pesquisa Educacional do Norte e Nordeste (São Luís, 2001), a Profa. Maria Eulina P. de Carvalho, em sua fala no painel Novos Caminhos da Educação Popular, posicionou-se enfaticamente no sentido de que a autoria deve ser assumida através do uso do "eu". No entanto, tenho conscientemente optado pelo emprego da *primeira pessoa do plural* em meus textos, mesmo que individualmente assinados, pela consciência do caráter compartilhado de minhas reflexões e produções, através de diálogos, debates (ou mesmo divergências, também produtivas) com diversos colegas, especialmente dos grupos de pesquisa de que tenho participado e da Associação Brasileira de Educação Musical / ABEM. E essa opção marca inclusive este texto, com exceção deste esclarecimento em nota.

Pesquisas quantitativas para uma visão de conjunto: o survey

Para obter um panorama geral de certa situação – por exemplo, sobre o perfil dos professores de música que atuam em uma dada rede de ensino –, o mais adequado é a pesquisa quantitativa, com tratamento estatístico dos dados. Cabe, então, realizar um levantamento, um *survey*, que permite uma visão de conjunto, já que visa "produzir descrições quantitativas de uma população" (Freitas et al., 2000, p. 105). Como explica Gil (1999, p. 70), num *survey*: "Basicamente, procede-se à solicitação de informações a um grupo significativo de pessoas acerca do problema estudado para em seguida, mediante análise quantitativa, obter as conclusões correspondentes dos dados coletados". Para tanto, no exemplo acima, a coleta de dados poderia ser realizada através da aplicação de um questionário com diversos professores de música. No entanto, não é o indivíduo, em sua particularidade, que interessa à pesquisa, mas sim as tendências gerais do grupo, do conjunto dos professores. Deste modo, as respostas de cada questionário seriam lançadas em um programa estatístico, que desenharia um quadro global: *tal percentual* de professores tem *tal* formação, *tantos por cento* atuam na educação básica há *tantos* anos, a média de idade dos professores é *x* etc.

Apesar de o tratamento estatístico dos dados ter a sua função e ser útil para certos propósitos, é necessário lembrar que os resultados produzidos decorrem de algumas opções de tratamento, de seleções direcionadas por certos enfoques, de diversos manejos de correlações, que muitas vezes respondem a determinados interesses: "Como costumam brincar os economistas, números bem torturados confessam qualquer coisa" (Viva..., 2009). Assim, não é o uso de dados numéricos ou percentuais que garante a objetividade, precisão ou cientificidade de um trabalho. Vale lembrar que, por exemplo, em um pequeno grupo, a indicação de "12,5 % dos professores" pode corresponder a apenas *um* indivíduo – cujas características podem sempre ser desviantes ou ele pode apresentar um comportamento decorrente de alguma idiossincrasia. Por outro lado, vale ressaltar ainda que a média encontrada em determinado estudo pode não corresponder a nenhuma realidade, ao mesmo tempo que nada diz da diversidade presente na população considerada[5].

Os levantamentos ou *surveys* podem ter o formato de mapeamentos com coletas extensas e tratamento estatístico, sendo em geral realizados em equipe, pelas dificuldades materiais envolvidas; produzem uma grande quantidade de dados que podem ser explorados amplamente. Quando buscam recolher informações junto a todos os integrantes do universo (ou população) pesquisado, têm o caráter de censo[6], mas são possíveis também *surveys* com um grupo menor, mas com o qual se pretenda representar o conjunto – uma amostra, portanto. Neste caso, é crucial a questão da representatividade da amostra, para que os resultados e conclusões obtidos a partir dela possam ser projetados para a totalidade do universo, ou em outros termos, possam ser generalizados para toda a população.

> O caráter representativo de uma amostra depende evidentemente da maneira pela qual ela é estabelecida. Diversas técnicas foram elaboradas para assegurar tanto quanto possível tal representatividade; mas, apesar de seu

---

[5] A média é influenciada pelos valores extremos. Uma média correntemente utilizada em questões econômicas é a "renda per capita", obtida a partir da soma da renda de todos os membros de um grupo (ou população), dividida pelo número dos mesmos. Mas esse valor encontrado pode não ser, na verdade, a renda de ninguém, ao mesmo tempo que esse valor nada informa sobre a renda dos mais pobres ou dos mais ricos do grupo, e muito menos sobre como eles de fato vivem.
[6] É o caso, por exemplo, da pesquisa que coordenamos sobre o ensino de arte nas escolas públicas da Grande João Pessoa (Penna, 2002b; 2002c), que coletou dados junto a todos os professores responsáveis pelas aulas de arte nas escolas.

requinte, que permite diminuir muitas vezes os erros de amostragem, isto é, as diferenças entre as características da amostra e as da população de que foi tirada, tais erros continuam sempre possíveis, incitando os pesquisadores a exercer vigilância e seu senso crítico (Laville; Dionne, 1999, p. 169).

Por mais numerosa que seja a amostra estudada, se ela não for de fato representativa – ou seja, se não tiver caráter probabilístico[7] –, os resultados encontrados não poderão ser estendidos a toda a população (ou universo), sob pena de se generalizar sem base, o que comprometeria inevitavelmente o rigor da pesquisa. Assim, apesar de alguns *surveys* de pequeno porte (ou seja, com amostras reduzidas) serem caracterizados em termos bastante sofisticados, por vezes trabalham com amostras não probabilísticas[8], de modo que os resultados encontrados têm que ser adequadamente dimensionados, pois dificilmente podem ser generalizados para um universo mais amplo.

Tratando do particular em profundidade: o estudo de caso
Por sua vez, quando o objetivo da pesquisa é conhecer uma realidade particular em profundidade, o mais indicado é a pesquisa qualitativa, na forma de um estudo de caso, que investiga:

---

[7] As amostras probabilísticas são obtidas por seleção randômica ou aleatória (Freitas et al., 2000, p. 106).

[8] As amostras não probabilísticas têm qualidade desigual, "e a generalização das conclusões mostra-se delicada, principalmente porque é impossível medir o erro de amostragem". Dentre elas, temos a amostra de voluntários e a amostra dita acidental, em que se trabalha, no nosso caso, com os professores que forem encontrados. "Alguns não têm evidentemente chance de serem selecionados, ao passo que outros, que trabalham na vizinhança do pesquisador, por exemplo, quase não podem escapar disso. Segundo os modos de escolha e do meio pesquisado, as respostas obtidas correm o risco de ir em direções muito particulares e de representar muito mal a opinião do conjunto [...dos professores]" (Laville; Dionne, 1999, p. 170).

[...] uma unidade com limites bem definidos, tal como uma pessoa, um programa, uma instituição ou um grupo social. O caso pode ser escolhido porque é uma instância de uma classe ou porque é por si mesmo interessante. De qualquer maneira o estudo de caso enfatiza o conhecimento do particular. O interesse do pesquisador ao selecionar uma determinada unidade é compreendê-la como uma unidade. Isso não impede, no entanto, que ele esteja atento ao seu contexto e às suas inter-relações como um todo orgânico, e à sua dinâmica como um processo, uma unidade em ação (André, 2010, p. 31).

Uma vez que o estudo de caso focaliza uma unidade[9], ele não permite generalizar os seus resultados para um universo mais amplo. No entanto, ele é bastante indicado para se conhecer em profundidade uma realidade específica, uma unidade bem delimitada, seja a prática pedagógica de uma professora, uma turma ou uma escola. Por seu caráter qualitativo, voltado para compreender e interpretar, e pela busca de profundidade nesse processo, os estudos de caso costumam fazer uso de diversas fontes de dados, que são entrecruzadas num processo conhecido como triangulação, que, combinando metodologias diversas no estudo do mesmo fenômeno, procura "abranger a máxima amplitude na descrição, explicação e compreensão do objeto de estudo" (Goldenberg, 2000, p. 63). Os estudos de caso mostram-se, portanto, adequados para investigar diversas situações pedagógicas.

[...] os estudos de caso representam a estratégia preferida quando se colocam questões do tipo "como" e "por que",

---

[9] Como será discutido no Capítulo 7 – *Alternativas metodológicas na pesquisa qualitativa: o estudo de caso e outras abordagens* –, existe ainda a possibilidade de se trabalhar com mais de um caso (unidade), no estudo de caso múltiplo, também chamado de estudo multicaso.

quando o pesquisador tem pouco controle sobre os acontecimentos e quando o foco se encontra em fenômenos contemporâneos inseridos em algum contexto da vida real (Yin, 2005, p. 19).

Como foi visto, o estudo de caso, enfatizando o conhecimento do particular, não pretende generalizar. Seria possível argumentar então que, por ser tão específico, não produz conhecimentos relevantes. No entanto, esta ideia é tendenciosa, na medida em que esquece que a ciência evolui pela articulação da indução – que vai do particular ao geral – com a dedução – que parte do geral para abordar o particular. Assim, conhecer a fundo uma realidade particular, concreta, pode dar base a discussões teóricas relevantes, que venham ajudar a compreender realidades mais amplas e diversificadas. Um exemplo deste processo baseado na indução são os trabalhos de Freud e Piaget. Freud formulou a teoria psicanalítica a partir de uns poucos estudos de casos clínicos, especialmente o de uma paciente que sofria de histeria; por seu turno, Piaget partiu da observação de seus próprios filhos para discutir teoricamente o desenvolvimento cognitivo das crianças. Vemos, portanto, que essas importantes teorias originaram-se de estudos específicos (indução); já suas proposições teóricas, de caráter geral, podem dar base a novos estudos que procurem verificar se elas se aplicam a outras realidades particulares ou se ajudam a compreendê-las melhor (processo dedutivo). Um exemplo disto pode ser encontrado no trabalho de Bárbara Freitag (1993), que, baseando-se na psicologia genética de Jean Piaget, estuda a formação das estruturas de consciência de crianças brasileiras em idade de escolarização[10].

---

[10] Sua pesquisa de campo foi realizada em São Paulo, em 1980, em escolas de uma favela.

Pesquisa com intervenção: a pesquisa-ação
Uma abordagem específica das ciências humanas e sociais é a pesquisa-ação, que envolve sempre uma ação sistemática desenvolvida pelo próprio pesquisador. Mantendo essa característica básica, a pesquisa-ação desdobra-se em diversas correntes[11], que por vezes apresentam também alguma variação na denominação – como investigação-ação ou pesquisa com intervenção. Na área de educação,

> Um exemplo clássico é o professor que decide fazer uma mudança na sua prática docente e a acompanha com um processo de pesquisa, ou seja, com um planejamento de intervenção, coleta sistemática dos dados, análise fundamentada na literatura pertinente e relato dos resultados (André, 2010, p. 31).

Segundo Barbier (2007, p. 13), a pesquisa-ação "se inscreve neste desdobramento histórico da sociologia [no século 20] tendo, por um lado, como preocupação, a revolução epistemológica e, por outro, a eficácia política e social". Em sua longa história[12], a pesquisa-ação foi vista, por vezes, como simples desdobramento das pesquisas sociológicas tradicionais, como uma metodologia experimental para a ação, "totalmente planejada e disciplinada" (Barbier, 2007, p. 38-40) – o exemplo de André (2010, p. 31) acima apresentado poderia, acreditamos, situar-se nesta perspectiva.

No entanto, em algumas de suas vertentes, a pesquisa-ação questiona as bases epistemológicas da pesquisa social tradicional,

---

[11] A respeito, ver Barbier (2007, p. 30; 41-45) ou André (2010, p. 31-33), que trata especificamente da área de educação.

[12] Para um histórico do desenvolvimento da pesquisa-ação, desde suas origens nos Estados Unidos nos anos que precedem a Segunda Guerra Mundial, ver Barbier (2007, cap. 1).

na medida em que coloca em jogo a intersubjetividade, na interação do pesquisador com os participantes, conduzindo a uma mudança de postura e a uma nova inscrição do pesquisador na sociedade: "O pesquisador descobre que na pesquisa-ação [...] não se trabalha *sobre* os outros, mas e sempre *com* os outros" (Barbier, 2007, p. 14). Desta forma, destaca-se o seu caráter colaborativo e participativo[13], que se reflete na flexibilidade na condução do processo investigativo, o que diferencia a pesquisa-ação assim concebida das abordagens com cunho mais experimental.

A pesquisa-ação está bastante presente no campo da pedagogia e da educação musical. Nesta, Albino e Lima (2009) discutem sua potencialidade para a pesquisa na área; tanto Ribeiro (2008) quanto Melo e Penna (2013) desenvolvem pesquisas-ação com evidente caráter colaborativo. Por sua vez, na área da pedagogia, diversas discussões teóricas interligam esse tipo de pesquisa à formação do professor reflexivo[14]. No entanto,

> Nem todo professor, por ser reflexivo, é também pesquisador, embora a recíproca seja, por força, verdadeira. A atividade de pesquisa implica uma posição reflexiva e ambas, a reflexão e a pesquisa, devem envolver um componente crítico [...] (Ludke, 2009, p. 12).

Fica claro, portanto, que não existe algo que se possa chamar de "*o* método científico", e que a escolha do tipo de pesquisa, da abordagem a ser adotada, das técnicas de coleta de dados depende dos objetivos da pesquisa, do objeto que se quer conhecer/compreender:

---

[13] Com este caráter, em certos momentos e contextos, a pesquisa-ação chega a ganhar um cunho quase militante, buscando contribuir para uma mudança social (Thiollent, 2000, p. 14-19).
[14] Sobre o professor reflexivo, ver Pimenta e Ghedin (2008), e sobre o papel da pesquisa em sua formação, ver Miranda (2004).

[...] em Ciências Sociais [e Humanas] a visão do mais geral não é melhor nem pior do que a focalização do particular; a questão que se coloca é a pertinência do enfoque para obter o ângulo mais adequado do problema em investigação. A maturidade de um pesquisador pode, pois, ser aquilatada pela capacidade de fazer a melhor opção entre as alternativas postas para a análise de seu objeto, o rigor com que elabora suas referências, o cuidado com que escolhe seus instrumentos de pesquisa e a cautela com que interpreta os resultados do processo de investigação [...] (Brandão, 2002, p. 29; cf. tb. Goldenberg, 2000, p. 62).

No entanto, é bom ressaltar que tanto os levantamentos (*surveys*) quanto a pesquisa-ação e os estudos de caso atendem ao caráter empírico da ciência. Este caráter, que é fundamental, significa que "o pesquisador, para conhecer o objeto de estudo, deve substituir ideias estereotipadas que tem sobre ele pela compreensão da razão com uma evidência real" (Zavaglia, 2008, p. 472).

Características do Conhecimento Científico

Independentemente de seu objeto, tema ou material, o encaminhamento da pesquisa precisa atender aos critérios do conhecimento científico com respeito ao caráter sistematizado, metódico, rigoroso; planejado, controlado, reflexivo; e ainda quanto à clareza e precisão. Assim, não importa se a pesquisa trata de processos criativos em música ou em poesia, da performance musical ou da prática pedagógica na escola; em se tratando de um trabalho acadêmico e científico, os referidos critérios devem necessariamente norteá-lo. Antes de mais nada, como diz Silva (2010, p. 12), o texto acadêmico em ciências humanas "é um texto argumentado em que tudo exige demonstração".

Assim, cabe explicitar todas as escolhas, procedimentos e critérios (de seleção, de classificação, análise etc.). Na pesquisa qualitativa em ciências humanas, é essa explicitação que permite avaliar o rigor do trabalho empreendido, sendo, a depender da temática, fundamental para diferenciar o conhecimento científico do senso comum. É imprescindível, portanto, "explicar sem ambiguidade" (outros termos para "explicitar") todas as noções e conceitos adotados, não sendo aceitável a falta de uma definição ou de uma discussão consistente a respeito, sob o argumento de que "todo mundo sabe do que se está falando". Esse seria o caso de um "implícito do discurso", corrente no senso comum, no qual é capaz de sustentar a relação comunicativa, apesar de sua imprecisão e falta de clareza[15]. No entanto, embora aceitáveis no senso comum, os implícitos do discurso, que têm seu quadro de significações apenas pressuposto, não atendem às exigências do conhecimento científico. Infelizmente, mesmo no meio acadêmico, em certas áreas circulam, muitas vezes sem serem explicitados, certos termos – como "identidade" e "cidadania"[16] – que permanecem como "noções confusas", aceitas em sua ambiguidade.

Outros aspectos importantíssimos na pesquisa científica dizem respeito à coleta e análise dos dados, pontos que serão discutidos de modo mais aprofundado em diversos capítulos deste livro[17]. É fundamental garantir uma coleta de dados confi-

---

[15] Como um exemplo, ver a análise de Osakabe (2002) sobre o uso do termo "povo" nos discursos de Getúlio Vargas, nos quais funciona como um implícito do discurso: a significação de "povo" não é explicitada, seja por razões tácitas – evitar questionamentos ou divergências –, seja por ser considerada suficientemente assimilada.
[16] Muitos textos da área de pedagogia tratam da "educação para a cidadania", mas o fato é que esta expressão não é precisa nem clara, sendo alvo de diferentes interpretações. Para uma discussão sobre a noção de identidade como um implícito do discurso científico, ver Penna (2002a, p. 91-93).
[17] A respeito, ver Capítulos 8 a 12. A rápida abordagem aqui realizada visa apenas traçar uma primeira aproximação com as características do conhecimento científico e suas exigências.

áveis, sejam quais forem os dados coletados. Numa pesquisa documental, por exemplo, é preciso trabalhar com os documentos originais, evitando-se cópias que possam conter cortes ou alterações, e muito menos tomar como base análises alheias de documentos a que se possa ter acesso. Já numa pesquisa de campo voltada para o estudo de uma prática pedagógica (em música, por exemplo), é essencial poder coletar dados diretos, através da observação, em lugar de considerar apenas aquilo que os envolvidos declaram sobre ela em depoimentos coletados através de entrevistas ou questionários. Estes precisam ser elaborados de modo a não induzir as respostas, ao passo que a observação, por sua vez, tem que ter duração, frequência e continuidade que permitam tanto atenuar o conhecido efeito do observador – ou seja, sua influência sobre a situação e as pessoas observadas (Laville; Dionne, 1999, p. 181) –, quanto apreender o processo de ensino-aprendizagem de modo significativo.

Na etapa seguinte, os dados precisam ser interpretados e analisados de forma coerente, tanto na pesquisa qualitativa quanto na quantitativa. Nesse processo, é preciso articular a pesquisa realizada com a produção da área, comparando os resultados com aqueles de outros estudos já desenvolvidos. Também é em relação à produção da área que a relevância do trabalho pode se configurar, pois ele não se justifica apenas pelo interesse pessoal do pesquisador, mas em relação ao conhecimento já acumulado no campo, que indica temáticas e enfoques pertinentes, o que é bastante importante para a elaboração da justificativa da pesquisa. É ainda na produção da área ou de áreas correlatas (a depender do tema a ser estudado) que é possível buscar abordagens teóricas ou metodológicas que ajudem a avaliar possibilidades e definir os encaminhamentos da pesquisa. Todos esses pontos em que a produção da área é relevante evidenciam a importância da revisão bibliográfica –

também denominada de revisão de literatura, estado da questão ou estado da arte –, que consiste em uma pesquisa bibliográfica sobre a questão (problema) de pesquisa, com a função de situar a proposta de pesquisa no campo da produção da área[18].

Considerações finais

Por todo o exposto, vemos que o conhecimento científico é dinâmico, está em contínuo desenvolvimento e sob constante questionamento. A própria concepção de ciência e de pesquisa científica não é consensual e está permanentemente em discussão, conforme as características das áreas de estudo, as bases epistemológicas adotadas ou mesmo as finalidades atribuídas à pesquisa ou os valores conferidos à prática científica. Conforme, ainda, os diferentes momentos históricos e contextos sociais, pois, afinal, a própria ciência é uma construção cultural e humana. Como argumenta Morin (2002, p. 96), "da percepção à teoria científica, todo conhecimento é uma reconstrução/tradução feita por uma mente/cérebro, em uma cultura e época determinadas".

Embora não haja modelo único de ciência, de pesquisa ou de projeto, a seriedade e o rigor da pesquisa científica, em qualquer campo, dependem da reflexão crítica a que está submetida. Nesta medida, o rigor científico não depende diretamente de aspectos formais, na medida em que pode ser adequadamente contemplado de múltiplas maneiras, por distintas vertentes teóricas ou diversas abordagens metodológicas e técnicas de pesquisa. De todo modo, cabe lembrar que, como diz Brandão (2002, p. 29), "o rigor exige tempo e esforço".

---

[18] A esse respeito, ver Capítulo 4 – *A revisão bibliográfica e sua função*.

No entanto, como discutido na introdução deste livro, entendemos ser necessário, com vistas à elaboração consistente de um primeiro projeto de pesquisa, estabelecer delimitações e fazer escolhas buscando o maior rigor científico possível, mesmo nessa experiência inicial. Assim, optamos pela abordagem qualitativa para o primeiro projeto, com a possibilidade, inclusive, de um estudo de caso (ver Capítulo 7).

Não acreditamos ser viável, para um pesquisador iniciante, em um projeto individual, pesquisas quantitativas com amostras amplas, ao passo que quanto menor a amostra em relação à população (ou universo), maior a margem de erro, e, portanto, mais questionável é a representatividade da amostra (Freitas et al., 2000, p. 107). Desta forma, na verdade, a realização de *surveys* com amostras rigorosamente representativas exige conhecimentos de probabilidade e estatística, conhecimentos esses que normalmente não são contemplados nos currículos das licenciaturas. Entendemos, portanto, ser mais coerente a opção por pesquisas qualitativas com base em entrevistas ou questionários, em lugar de pretender *surveys* de pequeno porte com amostras não probabilísticas, que não podem sustentar generalizações. Neste sentido, diversas pesquisas que se definem como *surveys* de pequeno porte apresentam, de fato, poucos dados numéricos, que não chegam a configurar as "descrições quantitativas" que caracterizam os *surveys* (Freitas et al., 2000, p. 105), concentrando-se em análises de cunho mais interpretativo de trechos de entrevistas (ou questionários), o que, a nosso ver, atenderia de modo mais coerente a uma abordagem qualitativa (cf. Oliveira, 2007; Machado, 2005).

Quanto à pesquisa-ação, que concebe a pesquisa vinculada à intervenção do pesquisador, tampouco a consideramos adequada para a primeira experiência investigativa. A pesquisa-ação exige tanto uma experiência pedagógica consistente para sustentar a intervenção na situação educativa, quanto *maturidade acadêmica e científica* para analisar criticamente a própria prática, sob pena de se introduzir um viés na pesquisa capaz de comprometer o indispensável rigor científico. Dificilmente estudantes de graduação estão capacitados para atender a essas exigências em sua primeira experiência em pesquisa. Por outro lado, acreditamos ser importante, para o aluno de pedagogia ou da licenciatura em música, ganhar experiência nas atividades de exercício de docência – através de um estágio, por exemplo – e de pesquisa, vivenciando cada qual em sua especificidade, antes de articulá-las em uma proposta de pesquisa-ação.

Para finalizar, cabe frisar que, no campo acadêmico e científico, discutem-se ideias, e não questões pessoais, de modo que precisa ser desenvolvida sistematicamente a capacidade de questionar, argumentar, refletir, defender posicionamentos, mas também de aceitar críticas e rever os próprios trabalhos. A defesa pública, perante uma banca de especialistas, do Trabalho de Conclusão de Curso ou de pós-graduação é um passo importante neste aprendizado, que sintoniza com todo o percurso da ciência – um tipo especializado de conhecimento que é, necessariamente, reflexivo. Esperamos, portanto, que a discussão aqui apresentada possa contribuir para o processo de formação de pesquisadores, especialmente daqueles que se iniciam na prática da pesquisa científica nos cursos de licenciatura – em música ou em outros campos de conhecimento.

2
O PROCESSO DE FORMULAÇÃO DO PROBLEMA DE PESQUISA:
algumas orientações

Como diversos autores apontam[1], a pesquisa inicia-se com a formulação de um problema. A primeira coisa a se ter em conta é que, aqui, "problema" (de pesquisa) não tem o mesmo sentido que no senso comum, em nosso cotidiano: não se trata de um problema prático, de uma situação difícil ou preocupante, um conflito, distúrbio ou mau funcionamento que é preciso "resolver", "solucionar", mas sim de uma questão, em qualquer campo de conhecimento, que ainda é objeto de discussão, merecendo ser estudada. "Um problema *de pesquisa* origina-se na mente, a partir de um conhecimento incompleto ou uma compreensão falha" – como dizem Booth, Colomb e Williams (2005, p. 64-67 – grifos do original).

O problema de pesquisa é, portanto, a *questão de pesquisa*, a pergunta à qual o trabalho procurará responder[2]. Como

---

[1] Ver, dentre outros, Pozzebon (2004a, p. 31); Moroz e Gianfaldoni (2006, p. 18); Booth, Colomb e Williams (2005, p. 64-67).

[2] Alguns estudiosos diferenciam "questão de pesquisa" de "problema de pesquisa", por seu grau de complexidade ou pela "problematização" envolvida, ou ainda por sua relevância para a área de conhecimento. No entanto, levando em conta que os primeiros trabalhos sobre metodologia científica e pesquisa difundidos nos meios acadêmicos brasileiros eram de origem estrangeira, consideramos que tais termos são diferentes maneiras de se traduzir a palavra "issue" do inglês, não implicando necessariamente diferença conceitual, especialmente quando estamos tratando do primeiro projeto de pesquisa.

aponta Flick (2004, p. 64), muitas vezes as questões de pesquisa relacionam-se com a experiência pessoal e profissional do pesquisador, dependendo de seus interesses e do seu envolvimento em certos contextos históricos e sociais. Esses fatores que levam à escolha do tema (assunto) e à formulação do problema de pesquisa terão o seu lugar no projeto, devendo ser apresentados no item "justificativa" (ver Capítulo 3). Vale ressaltar que a relevância da pesquisa apenas se estabelece plenamente em relação à produção da área, na medida em que, como indicado acima, um problema de pesquisa é uma questão que ainda é objeto de discussão em determinado campo de conhecimento e por isso merece ser estudada. "É do confronto entre sua inquietação inicial e a literatura disponível que o pesquisador vai chegar à formulação de seu problema de pesquisa" (Moroz; Gianfaldoni, 2006, p. 54). Nesse sentido, a "revisão bibliográfica" tem importante função na elaboração do projeto (ver Capítulo 4), pois ajuda a dimensionar o que já existe a respeito de seu problema/ questão de pesquisa.

É o seu problema/questão de pesquisa que direcionará todo o processo de trabalho, desde a elaboração do projeto até o desenvolvimento da pesquisa e a sua conclusão[3]. É ele que servirá como norte, como "medida", e a ele você voltará, ao longo do processo, sempre que precisar definir o próximo elemento do projeto, ajustar algum procedimento, ou simplesmente verificar se está no rumo certo. Tanto na fase de elaboração do projeto

---

[3] Alguns autores propõem a elaboração de diversas questões de pesquisa. Preferimos, no entanto, a elaboração de uma única questão/problema de pesquisa, como foco central para o desenvolvimento de seu projeto, pois isso tornará mais claro o seu direcionamento. No mesmo sentido, Flick (2004, p. 65) recomenda que a formulação de uma questão de pesquisa "implicitamente não suscite muitas outras questões ao mesmo tempo, o que resultaria em uma orientação indistinta demais para as atividades empíricas". Em nossa proposta, a questão/problema de pesquisa será posteriormente desdobrado, através da elaboração dos objetivos da pesquisa (cf. Capítulo 5).

quanto no próprio desenvolvimento da pesquisa, é esta pergunta que servirá de espinha dorsal e à qual todos os demais elementos precisarão se articular coerentemente.

Não é tão fácil quanto possa parecer formular um "bom" problema de pesquisa, uma "boa" questão, pois não é qualquer pergunta que é capaz de direcionar produtivamente uma pesquisa. Como aponta Gil (1999, p. 54-55), um passo fundamental é *delimitar o problema a uma dimensão viável*: "Frequentemente, o problema é formulado de maneira tão ampla que se torna impraticável [...] Torna-se necessário, portanto, reduzir a tarefa a um aspecto que possa ser tratado em um único estudo". Segundo este autor, formulado como uma pergunta, o problema precisa, ainda, *ter clareza* – seus termos devem ter seus significados explicitados[4] – e *precisão* (exatidão). Essas indicações implicam que:

- Perguntas com *alto grau de abstração e generalidade não são produtivas*.

   a) Como é desenvolvida a educação (ou educação musical) para a cidadania?

Apesar de muitos textos da área de pedagogia discutirem a "educação para a cidadania", sendo esta expressão corrente na área como um "implícito do discurso", estando presente inclusive em propostas educacionais, o fato é que esta noção não é clara nem precisa. Além disso, a pergunta é colocada em termos gerais, sem delimitar uma situação educativa que possa indicar

---
[4] Ver a discussão sobre a necessidade de explicitação das noções empregadas e a inadequação de se trabalhar com "implícitos do discurso", no item *Características do conhecimento científico* (Capítulo 1).

um possível campo de pesquisa. Por conseguinte, a questão de pesquisa (a) é extremamente vaga, genérica, não estando, portanto, delimitada a uma dimensão viável.

b) Como é desenvolvida a educação para a cidadania na escola X?

No entanto, mesmo que fosse situada em determinado contexto educacional, trazendo assim certa delimitação – como em (b) –, cabe indagar como poderia ser conduzida uma pesquisa a partir desta questão: quais seriam as *referências empíricas* deste problema de pesquisa? Não consideramos produtivas questões deste tipo – (a) ou (b) – para um primeiro projeto, pois é grande o risco de apenas se repetirem "bandeiras" da área, sem aprofundar a compreensão da realidade. Para tornar produtiva uma questão desse tipo, seria necessário, antes de mais nada, discutir a noção de cidadania e "traduzi-la" em habilidades ou competências a serem formadas (e que caracterizam o "ser cidadão"), para que fosse possível dar um direcionamento mais claro para a coleta de dados empíricos.

Ter referências empíricas é outro critério proposto por Gil (1999, p. 55) para a formulação do problema de pesquisa, que precisa, portanto, permitir buscar dados para se chegar a uma resposta. Na linha em que estamos trabalhando – de uma pesquisa qualitativa, voltada para compreender um determinado fenômeno educativo –, isso quer dizer que a questão de pesquisa deve levar a uma coleta de dados, sejam esses documentais ou coletados em uma pesquisa de campo, através de observações

---

[5] Seguindo princípios de ética da pesquisa – que serão discutidos no Capítulo 13 –, *não identificamos* as escolas, os espaços educativos ou os sujeitos envolvidos nas pesquisas. Assim, podem ser utilizados números, letras ou nomes fictícios para a referência aos mesmos.

e/ou entrevistas. Embora a definição do encaminhamento da pesquisa, incluindo as técnicas de coleta de dados, constitua um momento posterior do processo de construção do projeto, o importante, neste ponto, é procurar formular um problema que leve a analisar uma situação educativa concreta, real, e não só a reproduzir posturas teóricas, em termos genéricos, com base apenas em "pesquisa bibliográfica" de caráter repetitivo. Isto não contribuiria para o seu crescimento como pesquisador.

Vale lembrar, aqui, da diferença entre a atividade de pesquisa de um estudante de graduação, que nela está se iniciando, e a de um pesquisador experiente e profissional. No caso do estudante, o importante é apropriar-se dos procedimentos para o desenvolvimento de uma pesquisa, experimentando-os de modo consciente, para desenvolver suas habilidades e o domínio dos referidos procedimentos, pois, como mostra Rampazzo (2002, p. 49), seu objetivo é "a aprendizagem e o treino das técnicas de investigação, refazendo o caminho percorrido pelos pesquisadores". Não há, neste caso, a exigência de originalidade[6] – que já seria um requisito para uma pesquisa de doutorado, por exemplo – ou de contribuições significativas e inovadoras para a área de conhecimento.

Assim, é importante considerar a questão da viabilidade durante todo o processo de elaboração do projeto. Cabe avaliar de modo realista as próprias possibilidades e dificuldades, buscando as opções que possam efetivamente ser realizadas, dentro das condições disponíveis – tanto em termos de recursos materiais, quanto de tempo, ou ainda das próprias capacidades,

---

[6] "Entende-se por *trabalho científico original* aquela pesquisa cujos resultados venham apresentar novas conquistas para uma determinada área do saber. Trata-se, pois, de uma pesquisa sobre um determinado assunto levada a efeito pela primeira vez." (Rampazzo, 2002, p. 49-50 – grifos do original).

conforme o estágio em que se encontra na carreira acadêmica[7].

Isto não significa desculpar-se para fazer qualquer coisa, mas sim concentrar esforços nas melhores alternativas possíveis, para que possa realizar a sua pesquisa atendendo aos critérios de rigor científico.

Tendo em vista que esta será sua primeira experiência de pesquisa, colocamos algumas limitações, para direcionar melhor o seu trabalho. É preferível que esta primeira experiência seja simples, mas coerente e, mais ainda, consciente. Assim, fica claro que não pretendemos, em nossa proposta, esgotar todas as possibilidades de pesquisa nas ciências humanas ou na área de educação ou de música.

Para começar a pensar na elaboração de seu problema de pesquisa, procure seguir esses direcionamentos básicos:

- Formule um problema voltado para *conhecer e analisar uma situação educativa ou algum aspecto de uma prática pedagógica existente*.

- É preferível que seu problema *não envolva a sua atuação pedagógica*, a sua ação direta e autônoma na situação educativa – como seria o caso de um projeto de estágio. Nossa intenção é justamente diferenciar, para o aluno de pedagogia ou da licenciatura em música, essas duas atividades – pesquisa e exercício de docência (atuação) –, para que não se perca a clareza do que caracteriza cada uma delas[8].

---

[7] Por exemplo, como já discutido no Capítulo 1, para pretender a realização de um *survey* com uma amostra que permita a generalização dos resultados, é necessário ter por base conhecimentos de probabilidade e estatística.

[8] No entanto, há abordagens que concebem a pesquisa com a intervenção do pesquisador – como a pesquisa-ação. Porém, não a recomendamos para uma primeira pesquisa, pois exige experiência pedagógica consistente para sustentar a intervenção na situação educativa, além de *maturidade acadêmica e científica* para analisar criticamente a própria prática (ver Capítulo 1). No entanto, como discutiremos no Capítulo 9 – *A observação na pesquisa qua-*

- Neste momento, *não trabalharemos com problemas voltados para "como fazer"*[9], embora sem dúvida esse tipo de problema tenha o seu lugar nas ciências aplicadas. Consideramos que, para uma primeira pesquisa de um estudante de graduação, seria ambicioso demais pretender dar indicações fechadas de "como fazer" – "como ensinar", na nossa área[10] –, ou ainda o trabalho poderia cair numa perspectiva apenas bibliográfica, repetindo as proposições de outros autores. No entanto, como veremos adiante, o desejo de contribuir para a melhoria da prática educativa ou para encontrar soluções pode ser contemplado em um objetivo específico (como desdobramento do problema de pesquisa) que busque examinar alternativas possíveis para a superação das dificuldades encontradas. De todo modo, reafirma-se a necessidade de conhecer e analisar as práticas existentes, para poder discutir alternativas a partir da realidade investigada.

Passamos a examinar alguns exemplos de problemas/questões de pesquisa, procurando explicitar a diferença entre as perguntas voltadas para "como fazer" ou para "como acontece" – este configurando o enfoque que recomendamos. Vale atentar que não é a palavra "como", em si, que indica tratar-se de um ou outro tipo de problema. Analisemos os exemplos seguintes:

---

litativa sobre temas educacionais –, a observação participante, que tem caráter distinto, pode ser uma técnica de coleta de dados adequada para alguns problemas/questões de pesquisa.

[9] Gil (1999, p. 50) chama-os de problemas de "engenharia" e os considera não científicos, porque "não se referem a como são as coisas", mas sim "indagam como fazer as coisas". Diz este autor: "A ciência pode fornecer sugestões e inferências acerca de possíveis respostas, mas não responder diretamente a esses problemas".

[10] Mesmo no caso de pesquisa-ação – que orientamos em nível de mestrado e doutorado –, acreditamos ser mais produtiva a formulação de problemas de pesquisa que, em lugar de indagar "como fazer" ou "como ensinar", enfoquem os fatores que influenciam a prática ou que possam sustentar alternativas pedagógicas (cf. Melo; Penna, 2013, p. 1857).

c-1) Como o professor de uma turma de 6º ano do ensino fundamental deve desenvolver *a leitura crítica* com seus alunos?

c-2) Como o professor de música de uma turma de 6º ano do ensino fundamental deve desenvolver *a apreciação musical*[11] com seus alunos? (E suas variações: ...deve fazer para desenvolver..., ...pode trabalhar para desenvolver... etc. Ou ainda: Como desenvolver em uma turma de 6º ano a apreciação musical... Como pode ser desenvolvida a apreciação musical em uma turma... etc.)

d) Como o professor de música de uma turma de 6º ano trabalha para desenvolver a apreciação musical com seus alunos? (E suas variações: por exemplo, como é desenvolvida a apreciação musical numa turma de 6º ano etc.)

Os exemplos (c-1) e (c-2) estão voltados para "como fazer", o que não é adequado para sua primeira pesquisa, dentro do enfoque que estamos trabalhando. Já o exemplo (d) enfoca uma situação educativa concreta, procurando conhecê-la, compreendê-la e analisá-la – ou seja, busca investigar "como acontece". Diante das dificuldades ou limitações que venham

---

[11] Como este texto aborda a elaboração do projeto de pesquisa tanto na área de educação musical quanto na área mais ampla da educação/pedagogia, exemplificamos com temáticas de cada área: para aquela, "a apreciação musical", e para a pedagogia, "a leitura crítica". A partir deste ponto, estabelecida essa relação, deixamos de apresentar as duas possibilidades, alertando que todos os exemplos relativos à apreciação musical podem ser substituídos por equivalentes relativos à leitura crítica. De acordo com a proposta dos Parâmetros Curriculares Nacionais (PCNs) para Arte no ensino fundamental, a apreciação musical configura um bloco de conteúdos para Música (cf. Penna, 2001, p. 122-123). Já a noção de "leitura crítica" precisaria ser explicitada logo nas primeiras reflexões acerca do problema, atendendo à necessidade de definir com clareza as noções e conceitos com que trabalhamos.

a ser encontradas nesse processo educativo, a pesquisa poderá *também*, em seus desdobramentos, vir a discutir[12] ou sugerir alternativas para superar tais dificuldades, articulando os dados coletados em campo à pesquisa bibliográfica sobre o tema, mas isto será, no máximo, um dos objetivos específicos adotados, e *não* o problema/questão de pesquisa.

E é importante ter em mente que, mesmo sem usar o termo "como", se o sentido geral de sua pergunta é o mesmo dos exemplos (c-1) e (c-2), trata-se também de um problema voltado para "como fazer":

e) Qual *a melhor maneira* para desenvolver a apreciação musical?

O exemplo (e) também está voltado para "como fazer", sendo agravado ainda por perder a delimitação de um campo de pesquisa viável (na medida em que não especifica a situação educativa a ser investigada) e também por envolver valor. Gil (1999, p. 50) considera que não são científicos "problemas de valor", que "indagam se uma coisa é boa, má, desejável, certa ou errada, ou se é melhor ou pior que outra", pois isso envolve fatores subjetivos relativos a diferentes formas de ver e de avaliar.

De modo um pouco mais delimitado, podemos formular problemas voltados para *conhecer e analisar algum aspecto de uma prática pedagógica existente*. Assim, por exemplo:

---

[12] Trata-se, aqui, do sentido de "discutir" como verbo transitivo direto: "Debater (questão, problema, assunto). Examinar, investigar questionando" (Dicionário Eletrônico Aurélio – Século XXI). Portanto, não se trata, por exemplo, de discutir com os professores das turmas observadas, mas sim examinar alternativas possíveis para lidar com as dificuldades encontradas – o que pode constituir um objetivo específico da pesquisa. A respeito, ver Capítulo 5 – *Os objetivos de pesquisa: sua importância e sua formulação*.

f) Como livros didáticos de Língua Portuguesa para os anos finais do ensino fundamental tratam a compreensão de textos?

g) Quais as expectativas dos alunos ingressantes na Licenciatura em Música da Universidade *X*?

Os problemas (d), (f) e (g), acima apresentados, são problemas adequadamente formulados, que atendem aos critérios de clareza e delimitação a uma dimensão viável. Para que essas perguntas possam ser respondidas, vão ser necessários encaminhamentos distintos, sendo importante a articulação coerente entre a questão de pesquisa formulada, os objetivos estabelecidos a partir de seu desdobramento (ver Capítulo 5) e o encaminhamento metodológico adequado para a realização desses objetivos (ver Capítulo 11).

Cabem, ainda, algumas indicações a respeito do processo de formulação de problemas.

- Questões que levam a *respostas do tipo SIM / NÃO* são limitadas e pouco produtivas.

h) O professor de música do 7º ano da escola *X* explora as vivências musicais de seus alunos nas atividades pedagógicas desenvolvidas em aula?

i) O professor da turma de 4º ano da escola *X* articula as experiências de vida de seus alunos aos conteúdos trabalhados em aula?

O modo como estas questões estão formuladas levam a responder SIM ou NÃO, quando a realidade não costuma ser tão dicotômica. Ou seja, o mais provável é que às vezes ocorra a exploração das vivências musicais dos alunos nas atividades desenvolvidas, que às vezes aconteça a articulação entre suas experiências e os conteúdos, às vezes não. Sendo assim, prender-se antecipadamente a respostas do tipo SIM ou NÃO é uma perspectiva bastante reducionista, diante de uma realidade provavelmente mais dinâmica e multifacetada. Mais produtivas, portanto, seriam as seguintes formulações dessas questões:

j) Como o professor de música do 7º ano da escola X explora as vivências musicais de seus alunos nas atividades pedagógicas desenvolvidas?

k) Como o professor da turma de 4º ano da escola X articula as experiências de vida de seus alunos aos conteúdos trabalhados em aula?

As questões (j) e (k) permitem focalizar *como, quando, de que modo* cada professor consegue explorar/articular as vivências musicais e as experiências de seus alunos às atividades e conteúdos trabalhados. Seria possível, então, analisar as diversas possibilidades encontradas e os fatores que contribuem para tal.

• Para seu primeiro projeto, *evite questões que busquem estabelecer causas ou relações diretas* entre diferentes fatores (variáveis).

l) Por que os alunos do 2º ano da escola X apresentam comportamentos indisciplinados?[13]

---

[13] Questão similar pode ser formulada enfocando especificamente uma prática educativa em música. Por exemplo: Por que os alunos da Oficina de Canto Coral do Programa Mais Educação, na escola X, apresentam comportamentos indisciplinados?

O problema (l) apresenta diversas inadequações. Em primeiro lugar, busca uma causa ou causas determinadas para o comportamento indisciplinado das crianças, quando na verdade há uma multiplicidade de fatores que podem influir para tal e que se combinam entre si. Outro complicador é que a própria noção de indisciplina precisaria ser explicitada o quanto antes, pois, em certa medida, envolve aspectos subjetivos ou de valoração, já que os padrões de "comportamento disciplinado" podem variar conforme a concepção de educação que está em jogo: por exemplo, certa atitude pode ser considerada como de participação e envolvimento ou como de indisciplina, conforme o contexto em que ocorre ou a perspectiva sob a qual é avaliada[14].

Por outro lado, a pergunta (l) já carrega uma hipótese, pois pressupõe que a turma tem problemas de disciplina. Dentro da linha de pesquisa qualitativa que estamos adotando, já que a hipótese terá seu devido lugar no projeto (caso se opte por trabalhar com ela), é preferível que o problema formulado não carregue pressupostos ou hipóteses. Muitas vezes, já temos diversos pressupostos e hipóteses sobre a situação a ser estudada, mesmo sem ter consciência disso ou sem expressá-los de alguma forma[15]. Neste sentido, é importante ter cuidado para não pretender que a pesquisa apenas sirva para confirmar concepções prévias ou visões de senso comum.

Chegou a hora de formular seu problema de pesquisa. Procure, agora, seguir os seguintes passos:

⇨ Escolha um *tema (assunto) de seu interesse* – é importante que o tema seja significativo para você, pois o processo de

---

[14] Sobre os diversos fatores que contribuem para o comportamento indisciplinado, ver Rego (1996, p. 96); a respeito de ordem/disciplina em sala de aula, ver Silva (2014, p. 107).
[15] A respeito, ver Capítulo 6 – *Decidindo-se quanto à hipótese*.

pesquisa e elaboração do TCC é exigente, envolvendo disciplina e perseverança, de modo que, se você trabalhar com um tema significativo, o esforço pode ser bastante gratificante.

⇨ Com base no tema escolhido, elabore e *liste diversos problemas/questões de pesquisa possíveis,* usando a técnica de "tempestade de ideias" – ou seja, anotando tudo que lhe vier à cabeça, sem qualquer censura neste momento, pois quanto mais ideias você tiver, maior a probabilidade de ter uma boa ideia.

⇨ Agora analise e *avalie os problemas formulados*, um por um, verificando se atendem a todas as orientações e critérios apresentados.

⇨ Selecione o problema/questão de pesquisa que considerar mais produtivo e viável.

Como já apontado, para sua primeira pesquisa, procure formular questões voltadas para conhecer e analisar uma situação educativa ou algum aspecto de uma prática pedagógica existente. Neste sentido, podem-se construir perguntas que enfoquem como ocorre determinado processo de ensino-aprendizagem, por exemplo. Este tipo de pergunta permite ir a campo (a uma situação educativa real) verificar o que acontece – procurando compreender não apenas o que acontece, mas também como os diversos agentes envolvidos percebem e dão sentido a isso –; analisar aspectos positivos e limitações da situação estudada; discutir alternativas para aprimorá-la, entre outras possibilidades, o que exige a busca de diversas fontes de dados.

Sua questão de pesquisa será mais produtiva se for simples e direta, palpável, seguindo os critérios discutidos. Quando, na construção do projeto, for o momento de formular os objetivos, será necessário pensar em como desdobrar o seu problema, a sua questão, ou ainda decidir quais das possibilidades de desdobramento cabe realizar. Mas isso será visto mais adiante, no Capítulo 5.

Com seu problema já formulado, vale começar a examiná-lo e refletir sobre ele, buscando fontes bibliográficas de caráter acadêmico que ajudem a compreendê-lo melhor, a aprofundar a sua discussão, a definir com clareza as noções ou conceitos envolvidos. Neste sentido, já é possível começar a trabalhar no processo de revisão bibliográfica, elemento essencial da estrutura que propomos para o projeto de pesquisa, apresentada no próximo capítulo.

SUA TAREFA AO FINAL DESTE CAPÍTULO

- Formular seu problema de pesquisa (seguindo os passos indicados).
- Se possível discutir com algum colega que também esteja trabalhando com este livro, ou com o professor da disciplina voltada para a elaboração do projeto (que pode conduzir uma atividade de discussão coletiva dos problemas em aula), ou ainda com seu professor orientador.
- Se necessário, reformule seu problema ou mesmo retome o processo. É essencial que você consiga elaborar adequadamente um problema/questão de pesquisa, de modo a conduzir as demais etapas de construção do projeto. Mas esteja atento que, adiante, poderá ser necessário ajustar o seu problema.
- É aconselhável começar a buscar fontes bibliográficas sobre seu tema e problema, se possível iniciando os estudos a respeito.

3
O PROJETO DE PESQUISA

Segundo o *Dicionário eletrônico Houaiss da língua portuguesa 3.0*, o termo "projeto" significa "descrição escrita e detalhada de um empreendimento a ser realizado; plano, delineamento, esquema". Portanto, a função do projeto de pesquisa é, em síntese, planejar a pesquisa.

Os projetos estão presentes em muitas áreas da vida social – como nos planejamentos econômicos e planos de governo. Também fazem parte de nosso cotidiano, quando procuramos planejar, prevendo *o que* fazer, *quando* e *como*, buscando as melhores soluções e procurando nos organizar para realizar o que nos propomos, mesmo que nossas metas não possam ser alcançadas de imediato. Nestes casos, inclusive, é que o planejamento se mostra imprescindível, pois se não formos capazes de prever e organizar os passos necessários, muitas vezes não seremos capazes de realizar nossas propostas mais difíceis e menos imediatas. Assim, por exemplo, é que economizamos para realizar uma viagem à Europa ou para reformar a casa, e também fazemos uso de nossa capacidade de abstração e de projeção para procurar avaliar as várias alternativas possíveis, escolhendo as melhores soluções, antes mesmo de realizar concretamente qualquer ato. Deste modo, desenhamos a planta da casa e decidimos o material que será usado, buscamos orçamentos a respeito, calculamos os prováveis gastos e procuramos economizar e/ou arrumar um financiamento para poder custear a obra. Ou escolhemos o roteiro de viagem, compramos (à prestação) as passagens, reservamos os hotéis etc. Fazemos tudo isso, procurando garantir que, quando chegar o momento da viagem ou da obra, tudo se realizará de modo adequado, sem fugir do controle, e que seremos capazes de concluir adequadamente nossas propostas. Fazemos tudo isso, mesmo sabendo, de antemão, que imprevistos surgirão, exigindo que os planos sejam revistos, ajustados ou mesmo refeitos.

A função do projeto de pesquisa

Na mesma direção que os planejamentos acima mencionados, o projeto de pesquisa, definindo os principais pontos da proposta de pesquisa, seus objetivos e procedimentos, dá a ela um direcionamento claro, o que ajudará, sem dúvida, ao seu desenvolvimento. Como aponta Goldenberg (2000, p. 75), "é necessário prever as etapas do processo de pesquisa, mesmo sabendo-se que elas poderão ser reformuladas".

A construção do projeto de pesquisa pode ser trabalhosa, pois envolve decisões criteriosas que exigem não só certo conhecimento de seu tema e problema, mas também a capacidade de apropriação pessoal dos procedimentos da pesquisa científica, com base na compreensão e discussão dos mesmos. Mas um projeto bem construído contribuirá certamente para a própria realização da pesquisa, na medida em que, dando-lhe rumo e referências, impedirá que nos percamos ou nos desgastemos em ações inúteis ou gratuitas, agindo a esmo. Por outro lado, o projeto já faz parte do próprio desenvolvimento da pesquisa, pois contém elementos que integrarão o trabalho final dela resultante, seja ele um relatório ou uma monografia, dissertação ou tese.

Sendo assim, o esforço para construir, de modo consciente e consistente, um projeto bem articulado não é nunca um desperdício, mas antes um investimento. E mais vale investir no projeto do que, no afã de "fazer logo a pesquisa", ir fazendo qualquer coisa que depois não se sustente e não apresente o mínimo de qualidade acadêmica. A função e a importância de um projeto de pesquisa são tão reconhecidas no meio científico e acadêmico que a apresentação de um projeto (para avaliação) é constantemente exigida para pedidos de financiamento para pesquisa, seleção em cursos de pós-graduação (mestrado e doutorado) etc.

Uma proposta de estruturação do projeto de pesquisa

Por outro lado, é bom ter em conta que não há modelo único de projeto de pesquisa, na medida em que as propostas (e a estrutura) dos projetos revelam concepções de ciência e de pesquisa. Embora em geral tenham aspectos e princípios comuns, pode haver variação em seus elementos ou na sua forma de organização. Então, claro está que, se você for submeter um projeto a algum tipo de seleção, é estratégico seguir o modelo proposto, se houver.

Em nosso processo de trabalho conjunto, adotaremos a seguinte *estrutura para o projeto de pesquisa:*

1. INTRODUÇÃO
= Texto apresentando seu tema e seu problema/questão de pesquisa, além de uma discussão preliminar do problema.

2. JUSTIFICATIVA
= Texto apresentando o porquê da escolha do tema e de

seu problema/questão de pesquisa, em termos acadêmicos, pessoais e/ou sociais.

3. REVISÃO BIBLIOGRÁFICA
= Texto baseado em pesquisa bibliográfica, que mostra as principais concepções e mapeia os estudos existentes sobre seu tema/problema, escolhe qual a perspectiva que irá adotar, explicita os conceitos ou noções que são centrais para o seu trabalho.

4. OBJETIVOS
= Geral e específicos, apresentados em tópicos. Indicam as ações a serem desenvolvidas para a realização da pesquisa.

5. HIPÓTESE(S)
= Se for o caso, pois na área das ciências humanas não é considerado obrigatório adotar hipótese(s). Apresentá-la(s) sucintamente, em tópico(s) ou em alguns parágrafos.

6. METODOLOGIA
= Texto que apresenta detalhadamente o encaminhamento da pesquisa, definindo as técnicas de coleta e análise de dados.

7. CRONOGRAMA
= Planejamento da execução das diferentes etapas e atividades da pesquisa, distribuindo-as no tempo – nos semestres disponíveis para a realização de sua pesquisa para o TCC, por exemplo. Especialmente útil quando a

> pesquisa deverá ser realizada em um período de tempo determinado, como no caso de um programa de pós-graduação ou de algum tipo de bolsa ou financiamento. Muitas vezes – mas não obrigatoriamente – é apresentado na forma de um gráfico ou diagrama.
>
> 8. REFERÊNCIAS
> = Listagem das diversas fontes (bibliográficas, musicais etc.) citadas no texto, seguindo as normas atualizadas da ABNT[1].

Revisão bibliográfica ou fundamentação teórica?

Na sequência deste livro, os diversos elementos do projeto de pesquisa serão estudados separadamente, com capítulos dedicados aos principais pontos. No momento, considerando que não há modelo único de projeto, como já apontado, cabe sinalizar que preferimos a proposta de uma "revisão bibliográfica" em lugar de uma "fundamentação teórica", como alguns autores indicam. Isto porque a revisão bibliográfica permite situar seu projeto diante da produção da área e, com base neste panorama do que já existe sobre seu tema e problema/questão de pesquisa, ter ideias para o encaminhamento de sua própria pesquisa e então fazer suas escolhas. Esta contextualização de sua questão de pesquisa também ajuda a dimensionar a relevância da mesma, diante do que já foi produzido a respeito.

---

[1] Associação Brasileira de Normas Técnicas. A ABNT tem normas específicas para diferentes aspectos das publicações (como resumo, referências, apresentação de trabalhos acadêmicos etc.). Tais normas costumam manter o mesmo número, mesmo quando há novas versões. Como o acesso direto às próprias normas da ABNT nem sempre é possível, procure consultar textos ou manuais confiáveis, que se baseiem em versões atualizadas das normas. Neste livro, não trataremos desses aspectos de ordem formal e técnica.

Por outro lado, muitas vezes a "fundamentação teórica" não resulta de um efetivo conhecimento da produção já existente ou de uma escolha consciente da perspectiva a adotar, pois tal escolha exigiria certa maturidade intelectual e acadêmica, nem sempre encontrada em um estudante de graduação. Deste modo, o que de fato costuma acontecer mais correntemente é ser adotada, como fundamentação teórica, uma das poucas abordagens que se conhecem ou um dos primeiros textos em que se coloca a mão, postura que não consideramos realmente produtiva em termos acadêmicos ou científicos. E cabe lembrar que há, ainda, abordagens de pesquisa – especialmente no campo da pesquisa qualitativa em ciências humanas – que privilegiam o trabalho de campo, cabendo ao pesquisador estar aberto para descobrir o que os dados coletados possam lhe trazer, e a partir daí procurar, então, as contribuições teóricas necessárias para compreender, interpretar e analisar o que encontrou.

Neste sentido, como indica Brandão (2002, p. 32), as leituras teóricas constituem um "instrumento de aproximação, focalização e tratamento da empiria". Sendo assim, se ganharem autonomia em relação ao problema/questão de pesquisa e ao trabalho de campo, sobrepondo-se aos mesmos, acabarão por perder essa função. Desta forma,

> O referencial teórico é uma lente. Se o pesquisador já a usa desde antes de olhar o objeto e a considera perfeita, a sua tendência será enxergar tudo do mesmo modo ou com o mesmo grau de miopia. O referencial teórico é um olhar tomado de empréstimo. Ajuda a ver o fenômeno estudado. Amplia o campo de observação. Não é uma visão de mundo completa nem substitui o olhar do pesquisador sobre o seu objeto (Silva, 2010, p. 34).

Assim, visando o "aprendizado prático", Brandão (2002, p. 32-33) opta por evitar os "quadros teóricos" prévios, mesmo ciente da resistência "da cultura acadêmica da área". Para essa autora, a revisão bibliográfica – explorando de modo mais amplo a literatura existente sobre o tema pesquisado – "deve ser capaz de oferecer tanto as inspirações teóricas como a avaliação das potencialidades analíticas das mesmas, através do estudo de pesquisas empíricas". Também Silva (2010, p. 36) aponta "o caráter parcial e aleatório do referencial teórico", propondo, em contrapartida, o confronto de diferentes olhares, em um trabalho mais exaustivo e rigoroso, o que é compatível com nossa concepção de revisão bibliográfica (ver Capítulo 4).

Justificativa

A "justificativa" merece, também, algumas considerações a respeito. Este item do projeto apresenta uma explicação sobre a escolha do seu tema e do problema/questão de pesquisa, podendo ser apontados motivos de ordem pessoal, acadêmica ou social para justificar a importância de sua proposta de pesquisa ou por que ela merece ser realizada. As razões de seu interesse a respeito estão muitas vezes ligadas a fatores pessoais, como a sua vivência escolar ou familiar, ou ainda sua experiência profissional. Se já é professor, por exemplo, e a alfabetização tem sido uma preocupação recorrente em sua prática, pode propor uma pesquisa que enfoque como certo método de alfabetização é trabalhado. Ou se, na sua vida como estudante, tem encarado sempre os processos de avaliação com muita ansiedade, pode ter interesse por uma pesquisa visando conhecer e analisar diferentes práticas avaliativas. Ou ainda, se ao longo de seus estudos musicais o repertório de sua vivência cotidiana raramente foi contemplado, pode pretender se debruçar sobre a questão de como é trabalhada a apreciação musical no ensino fundamental (cf. Capítulo 2).

A justificativa pode, ainda, levantar fatores de ordem social, relativos à contribuição que sua pesquisa pode trazer. Neste sentido, é necessário certo cuidado, na forma de realismo e alguma dose de humildade. Sem dúvida, todos queremos contribuir para a melhoria de nosso meio social, principalmente quando jovens. Mas é preciso não superestimar as possibilidades de sua primeira pesquisa. Algumas discussões teóricas a respeito da função social da pesquisa por vezes estimulam um discurso do tipo "salvar a humanidade" – ou, pelo menos, a educação brasileira. No entanto, temos que admitir que tais pretensões estão muito mais próximas de "promessas de políticos em campanha" do que das possibilidades reais de qualquer pesquisador, e muito menos de uma primeira experiência de pesquisa.

É suficiente, portanto, levar em conta que uma pesquisa criteriosamente realizada, que permita conhecer de modo sistemático e cientificamente controlado a prática pedagógica em determinada escola ou espaço educativo de sua cidade ou estado, já traz uma contribuição social, na medida em que ajuda a conhecer e compreender a realidade, o que é indispensável para se começar a pensar em sua transformação. Neste sentido, ao comparar com trabalhos anteriores os resultados de sua pesquisa sobre a formação de professores, André (2010, p. 90) afirma que, "à medida que houver reiteração de resultados de um estudo para outro, ficaremos mais confiantes em considerá-los como núcleos centrais de preocupação nos programas de formação e aperfeiçoamento de professores". Esta colocação revela, por um lado, a relação entre o conhecimento acadêmico e ações práticas que afetam o cotidiano escolar; por outro lado, mostra o caráter cumulativo da pesquisa científica, na medida em que os resultados se reafirmam ou mesmo divergem.

Assim, cada pesquisa desenvolvida com rigor traz, em sua especificidade, uma contribuição acadêmica, pois, em qualquer área do conhecimento, a ciência avança pelo entrecruzamento de inúmeras pesquisas e iniciativas individuais. Como indica Setti (2004, p. 17), "o saber científico é produzido enquanto agregado coletivo e múltiplo desses esforços individuais". Neste quadro, uma "pequena" pesquisa – por exemplo, um estudo de caso sobre a prática de educação musical no 6º ano do ensino fundamental em uma escola pública de João Pessoa ou sobre o processo de alfabetização desenvolvido em uma escola rural de um município da Paraíba –, realizada de modo metódico e rigoroso, traz uma contribuição acadêmica (mesmo que modesta) para o campo da educação musical ou da pedagogia, ao permitir conhecer melhor práticas concretas.

No entanto, convém lembrar que a relevância ou pertinência de seu problema/questão de pesquisa não se deve apenas ao seu interesse por ele, mas está relacionada aos estudos e pesquisas já desenvolvidos sobre o tema. Neste sentido, a revisão bibliográfica – assunto do próximo capítulo – ajuda a dimensionar o que já foi publicado a respeito, situando sua proposta de pesquisa diante da literatura disponível. Como já indicado no início do Capítulo 2, um problema de pesquisa é uma questão, em qualquer campo de conhecimento, que ainda é objeto de discussão, merecendo ser estudada – o que só pode ser adequadamente dimensionado em relação à produção da área.

SUA TAREFA AO FINAL DESTE CAPÍTULO

- Consciente da estrutura de seu projeto de pesquisa, tendo como base o problema/questão de pesquisa formulado ao final do Capítulo 2, cabe elaborar uma primeira formulação de sua justificativa.
- Inicialmente, pode listar em tópicos as possíveis justificativas (motivações, interesses, experiências), para depois redigir o seu texto, mesmo que ainda tenha um caráter provisório.
- Adiante, após realizar sua revisão bibliográfica (tema do próximo capítulo), reveja a sua justificativa, verificando se é possível aprofundar a dimensão acadêmica da mesma, relacionando a sua proposta de pesquisa à produção da área.

4
A REVISÃO BIBLIOGRÁFICA E SUA FUNÇÃO

A revisão bibliográfica – ou revisão de literatura – tem a função de localizar a sua proposta de pesquisa no campo da produção da área.

Fazer a revisão da literatura em torno de uma questão é, para o pesquisador, revisar *todos* os trabalhos disponíveis, objetivando selecionar *tudo* o que possa servir em sua pesquisa. Nela tenta encontrar essencialmente os saberes e as pesquisas relacionadas com sua questão; deles se serve para alimentar seus conhecimentos, afinar suas perspectivas teóricas, precisar e objetivar seu aparelho conceitual. Aproveita para tornar ainda mais conscientes e articuladas suas intenções e, desse modo, vendo como outros procederam em suas pesquisas, vislumbrar sua própria maneira de fazê-lo (Laville; Dionne, 1999, p. 112 – grifos nossos).

Para uma primeira pesquisa de um estudante de graduação, a revisão bibliográfica certamente não será exaustiva (isto é, não abarcará ou esgotará *todos* os trabalhos já realizados sobre a sua questão), já que não há, neste nível, uma exigência de originalidade. Mesmo assim, ela deverá ser a mais completa possível, ajudando a situar o seu problema/questão de pesquisa diante da produção na área, o que é importante, inclusive, para fundamentar a relevância de seu problema em termos científicos, o que pode constituir um aspecto da justificativa do projeto.

É preciso ter em mente que a revisão bibliográfica é direcionada pelo seu problema/questão de pesquisa, de modo que é importante ter formulado com clareza a sua pergunta antes de iniciar a revisão, o que não impede que, ao longo do processo, sejam feitas reorientações, se necessário. Então, a própria revisão bibliográfica ajuda a ajustar seu problema, a discuti-lo mais profundamente, a definir os seus objetivos e a pensar possibilidades para o encaminhamento da pesquisa, contribuindo para a elaboração de todos os demais elementos do projeto. Pois nunca se pode esquecer de que os diversos elementos de um projeto precisam estar articulados coerentemente.

Neste quadro, fica claro que não é qualquer fonte bibliográfica que é pertinente: o *levantamento* bibliográfico e a *seleção* dos textos a serem lidos e fichados estão em função do seu problema/questão de pesquisa, que dá um rumo às suas leituras. Devem ser buscadas as fontes que permitam traçar um "estado da questão" (ou *"status quaestionis"*, como diz Pozzebon, 2004a, p. 31), ou seja, que permitam situar como o seu tema e seu problema têm sido tratados na área, mostrando o estado atual das pesquisas a respeito[1].

A revisão bibliográfica visa, portanto:

a) Mostrar o que existe a respeito do seu problema – as principais concepções sobre a questão e as formas de tratá-las, por exemplo.

---

[1] Existem trabalhos que apresentam levantamentos bibliográficos ou que traçam o "estado da questão" (ou "estado da arte") sobre determinados temas. Ver, por exemplo, Damasceno e Beserra (2004); Ribetto e Maurício (2009); Arroyo (2013).

b) Definir seu posicionamento, escolhendo qual a perspectiva que irá adotar.
c) Explicitar os conceitos ou noções que são centrais para o seu projeto[2].

Assim, a revisão de literatura exige um trabalho de análise e de crítica, e não mera reprodução:

> É um percurso crítico, relacionando-se intimamente com a pergunta à qual se quer responder, sem esquecer de que todos os trabalhos não despertam igual interesse, nem são igualmente bons, nem tampouco contribuem da mesma forma. *Deve-se fazer considerações, interpretações e escolhas, explicar e justificar suas escolhas* (Laville; Dionne, 1999, p. 113 – grifos nossos).

Embora alguns estudiosos entendam que a revisão bibliográfica não deve trazer posicionamentos ou comentários, mas apenas listar as produções encontradas, apresentando as suas características e uma síntese de seu conteúdo, consideramos esta abordagem bastante "burocrática", pois em algum momento as ideias expostas nesses textos deverão ser exploradas em discussões de seu trabalho – seja em capítulos de natureza bibliográfica e/ou teórica de sua monografia, ou ainda na análise de seus dados – gerando, assim, certa sobreposição ou mesmo repetição. A concepção de Laville e Dionne (1999, p. 113), acima citada, diverge claramente dessa abordagem, aproximando-se de nossa concepção de revisão bibliográfica, de acordo com os objetivos acima apontados, que atendem também, em grande medida, às funções de uma fundamentação teórica. Na mesma

---

[2] Ver a discussão sobre a necessidade de explicitação das noções com que se trabalha no item *Características do conhecimento científico* (Capítulo 1).

direção, Silva (2010, p. 36) indica que, ao se trabalhar de modo exaustivo e rigoroso com a produção da área, abrangendo textos com diferentes posicionamentos, é preciso:

> [...] confrontar os diferentes olhares e ser capaz de:
> a) Fazer a mediação entre eles.
> b) Superá-los.
> c) Gerar uma síntese.
> d) Mostrar se eles podem ser dialogicamente antagônicos e complementares.
> e) Apontar pontos fortes e fracos em cada um deles.

Vale salientar que a revisão bibliográfica é um *processo* de pesquisa bibliográfica, envolvendo localizar, selecionar, ler, estudar, analisar e refletir sobre trabalhos publicados[3] a respeito de seu problema/questão de pesquisa. Mas todo este processo deverá gerar um *produto*, na forma de um texto[4], que integrará o seu projeto de pesquisa.

O primeiro passo para o *processo* de revisão de literatura é o levantamento bibliográfico – que visa encontrar, listar e localizar fontes pertinentes –, para o qual Rampazzo (2002, p. 76-78) sugere, entre outras possibilidades (como a indicação de especialistas – o professor orientador, por exemplo), que sejam consultados os fichários de bibliotecas (fichas por assunto). Atualmente, a internet facilita bastante esse levantamento, cabendo lembrar da necessidade de ser criterioso em sua busca, que deve se centrar em fontes acadêmicas: periódicos cientí-

---

[3] Cabe esclarecer que "publicado", aqui, diz respeito a "tornar público", o que pode ocorrer por diferentes meios: desde uma publicação impressa a mídias digitais e cibernéticas, assim como trabalhos apresentados em congressos, palestras etc. Neste sentido, conforme as normas da ABNT, listam-se ao final do trabalho as "referências", apenas, e não mais "referências bibliográficas".
[4] O próprio texto deste capítulo baseia-se em uma pesquisa bibliográfica sobre o tema, exemplificando, em certa medida, o *produto* de uma revisão bibliográfica.

ficos on-line, bancos de teses e dissertações, sites de institutos de pesquisa ou de universidades (especialmente de programas de pós-graduação), ou ainda sites de associações acadêmicas[5], que muitas vezes disponibilizam publicações diversas, inclusive periódicos e trabalhos apresentados em seus congressos. Por sua vez, as referências citadas em um determinado texto também podem servir como indicação de outras obras pertinentes.

Já para a triagem do que deverá efetivamente ser lido, resenhas críticas podem ajudar, permitindo avaliar a utilidade de determinada obra. Quanto à leitura propriamente, Rampazzo (2002, p. 78) recomenda "a seguinte ordem lógica: inicia-se pelos textos mais recentes e mais gerais, indo para os mais antigos e mais particulares. As obras recentes geralmente retomam as contribuições significativas do passado [...] Contudo, as obras clássicas continuam mantendo seu valor de atualidade".

Ao proceder à leitura e estudo dos textos selecionados, pode ser útil realizar anotações. Para tanto, vários livros de metodologia científica (como Severino, 1998, ou Medeiros, 1996, entre muitos outros) apresentam modelos de fichamentos, que, a nosso ver, são recursos para o seu trabalho intelectual, e não devem ser tomados como um fim em si mesmos. Assim, o importante é você encontrar a sua melhor maneira de trabalhar e de organizar suas anotações, sejam estas feitas no próprio texto, em fichas, cadernos ou direto no computador, como indica Goldenberg (2000, p. 82). Dentre os modelos apresentados por diferentes autores, adote um com que mais se adapte ou construa o seu próprio, com base nas indicações principais e de acordo com suas próprias necessidades.

---

[5] Como a Associação Nacional de Pós-Graduação e Pesquisa em Educação (ANPED), Associação Brasileira de Educação Musical (ABEM), Associação Nacional de Pós-Graduação e Pesquisa em Música (ANPPOM).

Os fichamentos podem ajudar a sistematizar as ideias do texto, facilitando o processo de compreensão; podem destacar passagens relevantes ou até já trazer algumas reflexões pessoais, para posterior elaboração. Por vezes, os modelos correntes diferenciam "fichas de citações" e "fichas de resumo", mas suas anotações podem combiná-las, desde que deixem muito claro – pelo uso de alguma indicação ou recurso gráfico – o que é transcrição literal (citação direta) de passagens do texto estudado, o que é resumo seu das ideias básicas do texto e o que são comentários ou reflexões suas, de modo que não haja confusão na hora de consultar posteriormente os fichamentos, que têm por função justamente servir para suas atividades de estudo e redação, sem que seja necessária uma nova ida aos textos. Assim, eles são especialmente úteis para apoiar a construção do seu texto de revisão bibliográfica, quando precisará ter à mão os principais pontos levantados pelas diversas fontes consultadas.

Conforme a finalidade, um mesmo texto pode levar a fichamentos distintos:

> Na primeira leitura, anoto as ideias que vão surgindo, indicando livros a consultar e ideias a desenvolver. Quando necessário, busco dados sobre determinado autor e referências de suas obras. Faço depois uma releitura, já com um roteiro estabelecido do que interessa fichar. Para diferentes estudos, faço diferentes fichamentos do mesmo livro [ou texto], porque são questões diferentes que me interessam a cada pesquisa (Goldenberg, 2000, p. 82).

Quanto à revisão bibliográfica como *produto*, ao redigir o item de revisão de seu projeto, procurando cumprir os objetivos acima apresentados, serão sem dúvida utilizadas citações de passagens dos textos estudados. As citações podem ser diretas (transcrições literais) ou indiretas (paráfrases, utilizando suas próprias palavras), cujas fontes deverão *sempre* ser indicadas[6]. Mas é importante lembrar que as citações devem estar articuladas à sua exposição, à sua argumentação, que, como vimos, envolve análise, crítica e posicionamento próprio. Portanto, apesar de, por definição, as fontes bibliográficas serem fundamentais numa revisão de literatura, uma mera reprodução e justaposição de trechos retirados daqui e dacolá não cumprem sua função. Aqui – como em qualquer tipo de pesquisa bibliográfica –, as citações extraídas de diversas fontes devem ser objeto de sua elaboração pessoal. Neste sentido, cabe lembrar algumas indicações básicas quanto ao uso de citações diretas:

> As citações diretas devem ser utilizadas para apresentar um ponto em discussão, devendo ser comentada [sic] em seguida, ou para confirmar afirmações previamente apresentadas. Jamais, deve-se utilizar a citação direta para deixar de redigir uma passagem mais difícil: *o texto torna-se uma colcha de retalhos* (Pozzebon, 2004b, p. 113 – grifos nossos).

Embora a consulta e a citação – direta ou indireta, sempre com indicação da fonte – sejam esperadas e previstas neste tipo de trabalho, é importante lembrar, como indica Pozzebon (2004b, p. 121-122), que a redação deve ser pessoal, não sendo admitida, em hipótese nenhuma, cópia de outros trabalhos. Mesmo se o autor do texto é um estudante de graduação, é ele "o responsável intelectual pelo seu trabalho, por mais simples que ele seja". Assim, tanto ao longo do processo de revisão bi-

---

[6] A indicação da fonte consultada visa permitir a qualquer leitor confrontar a citação com o texto original. Sendo assim, entendemos que, mesmo no caso das citações indiretas, a(s) página(s) a que se refere(m) deve(m) sempre ser indicada(s), a não ser nos casos em que a remissão é feita especificamente à obra como um todo.

bliográfica, quanto na produção do texto resultante, deve haver sempre *elaboração pessoal:*

> [...que] começa com a seleção dos conceitos e informações das fontes estudadas, que o estudante exporá em seu trabalho. Continua ao estabelecer relações entre as informações expostas, ao confrontar pontos de vista divergentes e discutir possibilidades de interpretação. Finda com a elaboração das conclusões a que o estudante chegou. Mesmo que sejam coincidentes com as posições de algum dos autores citados, o estudante deverá expor as razões que o levam a concluir dessa maneira (Pozzebon, 2004b, p. 122).

Uma boa revisão bibliográfica realizada para o projeto de pesquisa contribui para a elaboração de todos os elementos do projeto e para a sua qualidade final. Por outro lado, já se caracteriza como parte da própria pesquisa, podendo vir a servir como ponto de partida para algum capítulo teórico (com base em pesquisa bibliográfica) de sua monografia (ou mesmo dissertação de mestrado). Neste mesmo sentido, um projeto de pesquisa bem elaborado já é o primeiro passo do processo de pesquisa.

SUA TAREFA AO FINAL DESTE CAPÍTULO

- Por depender de uma pesquisa bibliográfica, este é o item mais trabalhoso de seu projeto, cabendo começar a se dedicar a ele, para uma elaboração progressiva.
- Inicie o *processo* de revisão bibliográfica pela realização de um levantamento de fontes acadêmicas que tratem de seu tema e/ou problema. Bastante material pode ser encontrado on-line, mas é importante ser criterioso em sua busca na internet, utilizando sites acadêmicos, como instituições de pesquisa, bancos de tese etc.
- Das fontes levantadas, selecione as mais adequadas para leitura e estudo com vistas à elaboração do item de revisão bibliográfica de seu projeto. Recomendamos, com vistas ao TCC, trabalhar com pelo menos 4 a 5 textos acadêmicos (artigos em periódicos, anais de congressos, capítulos de livros) sobre seu problema/questão de pesquisa.
- Ao ler e estudar os textos, faça as anotações ou fichamentos que considerar necessários.
- Passe, então, à elaboração de um texto de revisão de literatura, que será o *produto* de todo o processo e constituirá um item importante de seu projeto de pesquisa. Este texto deve revelar uma elaboração própria, com base na contribuição dos diferentes autores, atendendo aos três aspectos que uma revisão bibliográfica deve cumprir, como acima discutido.
- Lembrar que um texto não "sai pronto": é preciso reler, reajustar, reescrever quando necessário, e por fim revisar, verificando não apenas a digitação, mas também a fluência e clareza, além da correção gramatical.

> Isto é trabalhoso, mas seu texto provavelmente vai refletir o tempo e o esforço que investir nele.
> - Dicionários, gramáticas, normas de apresentação de trabalhos acadêmicos são apoios valiosos para a elaboração e aprimoramento de seu texto. Utilize-os.

5
OS OBJETIVOS DE PESQUISA:
sua importância e sua formulação

Os objetivos são, talvez, os elementos do projeto de pesquisa abordados com menos clareza por diversos trabalhos de metodologia[1]. Muitas vezes, confundem-se com as questões de pesquisa ou com a contribuição que a pesquisa espera dar. Como já discutimos no Capítulo 2, consideramos central o papel do problema ou questão de pesquisa, que, na forma de uma pergunta que a pesquisa procurará responder, direcionará todo o processo de investigação. Por outro lado, entendemos que cabe à justificativa a apresentação das possíveis contribuições da pesquisa (ver item específico no Capítulo 3), não sendo essa, portanto, a função dos objetivos de pesquisa em um projeto.

A nosso ver, os objetivos têm papel e função próprios, *indicando as ações a serem realizadas durante o processo de pesquisa* – ações essas diretamente ligadas à produção de conhecimento, característica essencial da pesquisa científica. Nesta medida, os objetivos desdobram o problema/questão de pesquisa, indican-

---

[1] Larocca, Rosso e Souza (2005, p. 122) referem-se ao exame de 28 obras de Metodologia da Pesquisa, das quais apenas 15 abordam a temática, e mesmo assim a maioria o faz de forma vaga e rápida. Goldenberg (2000, p. 76) coloca os objetivos como questões a serem respondidas – "*os quês*". Como parte da introdução de uma proposta de pesquisa, Creswell (2007, p. 100-101) inclui a "declaração de objetivo", estruturada "como uma sentença ou um parágrafo singulares"; assim, "o objetivo estabelece os propósitos, a intenção e a ideia principal de uma proposta e ou de um estudo".

do direcionamentos para a coleta de dados. Deste modo, fica claro que os diferentes elementos do projeto estão relacionados, evidenciando a necessidade de articulá-los de modo coerente.

Assim, assumindo escolhas e buscando pautar a construção do primeiro projeto de pesquisa pela consciência dos elementos empregados e a coerência entre eles, propomos formular objetivos – um geral e alguns específicos – diretamente articulados ao problema/questão de pesquisa, com verbos no infinitivo, expressando ações a serem realizadas no decorrer da pesquisa. O *objetivo geral* está diretamente relacionado à questão de pesquisa, "coladinho" com ela, formulado com verbos que indiquem de modo amplo o processo de conhecimento a ser empreendido – como *compreender, examinar, analisar, investigar, entender...*

Os *objetivos específicos*, por sua vez, destrincham, desdobram e pontuam o problema. A partir do problema/questão de pesquisa e do objetivo geral que lhe é diretamente correlato, podemos iniciar o processo de formulação dos objetivos específicos indagando: *o que esta questão (ou este objetivo geral) envolve? e o que quero focalizar a partir dela?* Dentro da abordagem qualitativa que estamos adotando, podem, então, ser empregados verbos – sempre ligados ao processo de produção de conhecimento – como *identificar, descrever, verificar, comparar, realizar um levantamento (levantar, relacionar), analisar, discutir, sugerir* etc[2]. Um mesmo problema pode, portanto, ser desdobrado em objetivos específicos de diferentes maneiras, o que dá à pesquisa configurações distintas e gera encaminhamentos diferenciados para a pesquisa, na medida em que vão exigir,

---

[2] Verbos como *comprovar* ou *demonstrar* devem ser evitados dentro da abordagem qualitativa adotada, pois estão relacionados ao modelo de pesquisa tributário das ciências da natureza, baseado em experimentações. A respeito, ver o item *As ciências da natureza e o "modelo" científico* (Capítulo 1).

para sua realização, dados de variados tipos, coletados através de técnicas diferenciadas.

Encontramos objetivos formulados nesta perspectiva que defendemos em André (2010, p. 83-104), que, ao discutir uma pesquisa voltada para a questão de como as professoras bemsucedidas de Didática do curso de Magistério[3] construíam o seu saber docente, assim apresenta os seus objetivos:

> [...] uma pesquisa que tinha como *objetivo principal* investigar os processos de construção do saber didático de professores de didática/estágio da HEM – as antigas Escolas Normais [...] *Em termos específicos, procurávamos*: (1) analisar as práticas pedagógicas dos professores da HEM; (2) levantar as dificuldades e os problemas que esses professores enfrentam no seu dia a dia para a realização de um trabalho coletivo; (3) analisar as representações dos professores sobre a sua prática docente, sobre o aluno, a HEM e a disciplina que lecionam; (4) identificar fatores que afetam o tipo de prática desenvolvida pelo professor (André, 2010, p. 84-85 – grifos nossos).

Temos aqui, bem claramente, um objetivo geral diretamente relacionado à questão de pesquisa e objetivos específicos que desdobram e pontuam o problema, todos formulados com verbos no infinitivo, expressando ações a serem realizadas no decorrer da pesquisa.

Lembremos, neste ponto, que os critérios apresentados no Capítulo 2 para uma formulação adequada e produtiva do problema/questão de pesquisa também se aplicam à elaboração dos objetivos. Da mesma forma, os objetivos precisam ser formu-

---

[3] André (2010, p. 83) usa a designação Habilitação Específica para o Magistério (HEM) para o curso de nível médio dedicado à formação de professores para as séries iniciais do ensino fundamental – antiga Escola Normal.

lados com clareza e precisão, ser delimitados a uma dimensão viável e ter referências empíricas que possam conduzir a uma coleta de dados. Além disso, é preferível evitar que levem a uma dicotomia SIM/NÃO e ainda é recomendado que não se voltem para "como fazer", nem tampouco envolvam uma atuação pedagógica direta do pesquisador, a sua ação direta na situação educativa estudada[4].

Com base nesses direcionamentos, retomemos um problema/questão de pesquisa apresentado no Capítulo 2 – *O processo de formulação do problema de pesquisa: algumas orientações* –, para exemplificar detalhadamente como poderiam ser construídos objetivos a partir dele:

- Como o professor de uma turma de 6º ano do ensino fundamental trabalha a apreciação musical / a leitura crítica[5] com seus alunos?

O *objetivo geral* poderia, então, ser formulado como:

- Compreender como é desenvolvida a apreciação musical / a leitura crítica numa turma do 6º ano do ensino fundamental.

---

[4] E neste ponto os objetivos de pesquisa diferenciam-se, radicalmente, dos objetivos de um plano de ensino. É importante que os alunos de pedagogia ou de outras licenciaturas tenham clareza desta distinção, na medida em que precisam elaborar planos de ensino (de curso e de aula) para sua atuação pedagógica no estágio, e também um projeto de pesquisa com vistas ao TCC. Tal diferenciação reflete o caráter heurístico específico dessas práticas – pedagógica e de pesquisa, enquanto produção de conhecimento.
[5] Como este livro aborda a elaboração do projeto de pesquisa tanto na área de educação musical quanto na área mais ampla da educação/pedagogia, exemplificamos com temáticas de cada área: para aquela, "a apreciação musical", e para a pedagogia, "a leitura crítica". A partir deste ponto, estabelecida essa relação, deixamos de apresentar constantemente as duas possibilidades, alertando que todos os exemplos relativos à apreciação musical (e ao professor de música) podem ser substituídos pelos seus equivalentes de leitura crítica (e o professor pedagogo). Mas, quando forem necessárias para maior clareza, apresentamos alternativas específicas para cada situação.

O vínculo entre o problema de pesquisa e o objetivo geral é, portanto, bastante evidente. Por sua vez, este objetivo geral precisa ser desdobrado em objetivos específicos, que estabelecem focos e demarcam um direcionamento para a pesquisa, pois é a partir deles que serão definidos os dados necessários para realizá-los e as técnicas adequadas para coletá-los. Sendo assim, um determinado objetivo geral pode ser desdobrado de modos diferentes, gerando distintos objetivos específicos. Apresentamos, a seguir, alguns grupos de objetivos específicos que poderiam ser elaborados a partir do objetivo geral acima apresentado.

Uma possibilidade de desdobramento do objetivo geral seria:

1-a) Discutir a noção de "apreciação musical" com base em diferentes autores.
1-b) Analisar as metodologias utilizadas para o desenvolvimento da apreciação musical.
1-c) Identificar os gêneros musicais e o repertório utilizado para trabalhar a apreciação musical / Identificar os gêneros textuais utilizados para trabalhar a leitura crítica.

Outra opção possível:

2-a) Identificar as concepções do professor sobre "apreciação musical".
2-b) Descrever as atividades propostas para o desenvolvimento da apreciação musical.
2-c) Verificar o desenvolvimento da capacidade apreciativa dos alunos em relação a diferentes produções musicais / Verificar o desempenho dos alunos quanto à capacidade de compreensão de diferentes textos e ao senso crítico.

Ou ainda:

3-a) Verificar como a proposta pedagógica da escola trata o desenvolvimento da leitura / a educação musical e sua função educativa.

3-b) Analisar as práticas pedagógicas voltadas para o desenvolvimento da apreciação musical.

3-c) Verificar o envolvimento e a participação dos alunos nas atividades propostas para o desenvolvimento da apreciação musical.

Sem dúvida, seriam possíveis outras e diferenciadas combinações desses vários objetivos acima, por exemplo: (1-a); (2-b); (3-c) – dentre outras. No entanto, vale ressaltar que é indispensável a presença de um objetivo do tipo b, de qualquer uma das séries, por serem esses os objetivos que mais diretamente se ligam à realização do objetivo geral.

Muitos graduandos desejam contribuir, com seus trabalhos de pesquisa, para a mudança da realidade, para a melhoria do ensino – o que, sem dúvida, é um propósito que merece ser respeitado. Já que, em nossa linha de trabalho, não adotamos problemas de pesquisa voltados para "como fazer", a intenção de oferecer respostas para dificuldades enfrentadas nas práticas educativas pode ser contemplada com um objetivo específico, que pode ser combinado a qualquer uma das alternativas acima:

• Discutir alternativas para o desenvolvimento da apreciação musical no ensino fundamental.

Para a realização deste objetivo, após conhecer e analisar a prática desenvolvida, podem ser levantadas e sugeridas, com base na literatura da área, alternativas pedagógicas para o tema investigado. Desta forma, o trabalho pode trazer indicações para mudanças e melhorias, sem necessariamente cair no que Gil (1999, p. 50) denomina de "problemas de engenharia", que "indagam como fazer as coisas" e que este autor não considera como verdadeiramente científicos.

Vale examinar, ainda, possibilidades de elaboração de objetivos para outros problemas de pesquisa apresentados no Capítulo 2. Para o seguinte problema/questão de pesquisa:

- Como livros didáticos de Língua Portuguesa para os anos finais do ensino fundamental tratam a compreensão de textos?

Uma possível formulação para o *objetivo geral* seria:

- Investigar como a compreensão de textos é tratada em livros didáticos de Língua Portuguesa para os anos finais do ensino fundamental.

Esse objetivo geral poderia, então, ser desdobrado nos seguintes *objetivos específicos*:

a) Discutir concepções de "compreensão de texto" com base em diferentes autores.
b) Analisar as atividades e exercícios propostos para a compreensão dos textos apresentados.
c) Identificar os gêneros textuais utilizados para trabalhar a compreensão de textos.

Finalmente, podemos pensar possibilidades para um último problema/questão de pesquisa:

- Quais as expectativas dos alunos ingressantes na Licenciatura em Música da Universidade X?

O *objetivo geral* poderia ser:

- Compreender as expectativas dos alunos que ingressam na Licenciatura em Música da Universidade X.

Por sua vez, uma possibilidade de desdobramento desse objetivo geral em *objetivos específicos* seria:

a) Descrever as experiências e estudos musicais prévios dos alunos.
b) Identificar as motivações e expectativas que levaram à escolha do curso de licenciatura em música.
c) Verificar os conhecimentos que os alunos ingressantes têm sobre a proposta do curso e seu currículo.

É importante lembrar que todos os objetivos propostos deverão ser realizados ao longo da pesquisa, exatamente como são formulados, o que poderá ser cobrado na defesa de seu TCC. Daí o cuidado de elaborar os objetivos específicos com clareza, precisão e delimitação, considerando inclusive a sua viabilidade: é a partir dos objetivos que o encaminhamento da pesquisa vai ser definido, visando a sua concretização. Entretanto, como sabemos, os projetos podem necessitar de ajustes e redirecionamentos durante a realização da pesquisa, de modo que os objetivos podem vir a ser revistos ou reformulados, ou até mesmo pode ser necessário, ao longo do processo, abandonar alguns ou adotar outros. Neste caso, no texto que apresentará os resultados finais da pesquisa (relatório, monografia, o TCC etc.), cabe incluir apenas os objetivos efetivamente realizados. Nesse sentido, vale ressaltar que aqui estamos formulando objetivos para o projeto, com caráter de planejamento e de intenção. Como já discutido no Capítulo 3, sua elaboração é necessária e deve ser cuidadosa, embora tenhamos consciência de que, conforme o desenvolvimento da pesquisa, os planos podem precisar ser revistos ou ajustados.

SUA TAREFA AO FINAL DESTE CAPÍTULO

- Retome o seu problema/questão de pesquisa formulado ao final do Capítulo 2. Verifique se é necessário ajustá-lo de alguma forma.
- Elabore um objetivo geral, voltado para a produção de conhecimento, diretamente vinculado ao seu problema/questão de pesquisa.
- Pense como desdobrar esse objetivo geral em objetivos específicos que indiquem ações a serem desenvolvidas para a realização da pesquisa. Numa "tempestade de ideias", você pode listar diversos objetivos específicos possíveis, para depois avaliar a sua viabilidade ou adequação.
- Escolha os objetivos que considera mais adequados, definindo assim o direcionamento que deseja dar a sua pesquisa.
- Apresente-os em tópicos: um objetivo geral e alguns objetivos específicos. Para um TCC, e dentro da abordagem que estamos adotando, três ou no máximo quatro objetivos específicos são suficientes.
- Avalie a formulação dos objetivos, verificando se atendem aos critérios propostos. Se necessário, reformule-os.

6
DECIDINDO-SE QUANTO À HIPÓTESE

No modelo científico clássico, a hipótese tem um lugar central. Esse modelo, derivado das ciências da natureza, adota o método hipotético-dedutivo, através do qual, com base em uma teoria, é formulada uma hipótese – ou seja: "proposição ou conjunto de proposições que constituem o ponto de partida de uma demonstração, ou então, uma explicação provisória de um fenômeno, devendo ser provada pela experimentação" (Japiassu; Marcondes, 1993, p. 119). As hipóteses deverão, então, ser verificadas através da pesquisa, realizada preferencialmente segundo o método experimental. Assim,

> A possibilidade de prova/refutação está incorporada na ideia geral de uma hipótese. Assume a forma "se (teoria X) é verdade, então (sob condições Y) esperamos encontrar (resultado X)." O teste da hipótese "Se...então..." está em encontrar (ou não) o resultado esperado (Descombe, 2002, p. 31 apud Bell, 2008, p. 35).

Neste sentido, lembremos que Karl Popper, filósofo da ciência, considera a refutabilidade – ou falseabilidade – uma característica fundamental do conhecimento científico. Como discutido no Capítulo 1, "uma teoria científica é aquela que contém afirmações (hipóteses) que podem ser testadas e, eventualmente, contraditadas pelos fatos" (Setti, 2004, p. 14). Assim, o método hipotético-dedutivo é considerado o método próprio da ciência, que permite o seu avanço, na medida em que, quando refutadas, as hipóteses são substituídas por outras, dando origem a novos modelos teóricos. Por conseguinte, o conhecimento científico é sempre provisório, pois, em princípio, poderá vir a ser refutado por descobertas futuras.

Como este modelo de ciência – originado nas ciências da natureza e baseado no método hipotético-dedutivo – exerce influência sobre a pesquisa em todas as áreas de conhecimento, até mesmo nas ciências humanas, muitos autores consideram a hipótese indispensável à investigação científica. Neste sentido, posicionam-se Laville e Dionne (1999, p. 126 – grifos nossos), para quem "a hipótese *sempre será necessária* para direcionar a continuidade da pesquisa", na medida em que indica a direção a seguir para verificar a possível resposta ao seu problema/questão de pesquisa, resposta esta que foi antecipada, pressuposta através da hipótese.

Evidencia-se, portanto, a estreita relação entre a hipótese e o problema/questão de pesquisa: ela é *uma resposta possível,* provisória, à pergunta que norteia sua pesquisa. Assim, a adequada articulação entre esses dois elementos contribui para a coerência de seu projeto de pesquisa.

Entretanto, como foi dito, esse modelo de ciência é tributário das ciências da natureza, enquanto, por outro lado, diversos pensadores e estudiosos que discutem a especificidade das ciências humanas – especialmente os que defendem a abordagem qualitativa na pesquisa – consideram que nestas a hipótese não é obrigatória. No entanto, não há unanimidade, e os posicionamentos podem ser divergentes. Goldenberg (2000, p. 76), por exemplo, inclui as "hipóteses de trabalho" como um dos elementos de sua "sugestão para um projeto de pesquisa". A esse respeito, diz a autora:

Hipóteses são afirmações provisórias a respeito de determinado fenômeno em estudo. Uma hipótese é uma suposição duvidosa, algo provável, a ser posteriormente confirmada ou rejeitada. É necessário que as hipóteses sejam claras, estejam relacionadas com os fenômenos concretos que se pretende estudar e com a teoria. As hipóteses podem ser criadas a partir dos resultados de outros estudos ou de um conjunto de teoria (Goldenberg, 2000, p. 79).

Entretanto, outros autores que defendem a abordagem qualitativa na pesquisa – como Flick (2004) ou Bogdan e Biklen (1994, p. 106 – p. ex.) – não incluem a hipótese em suas propostas de projeto (ou plano) de pesquisa. Flick (2004) assim apresenta a concepção tradicional de pesquisa, oriunda das ciências da natureza:

> A versão tradicional das ciências sociais quantitativas parte da construção de um modelo: antes de entrar no campo a ser estudado, e enquanto ainda estiver sentado à sua mesa, o pesquisador constrói um modelo das condições e relações supostas. O ponto de partida do pesquisador é o conhecimento teórico extraído da literatura ou de descobertas empíricas mais antigas. A partir daí, obtêm-se hipóteses que são operacionalizadas e testadas sobre [sic] condições empíricas (Flick, 2004, p. 57-58).

Em contrapartida, esse autor aponta que as abordagens que enfatizam o trabalho de campo e os dados empíricos nele obtidos não direcionam o trabalho de pesquisa a partir de suposições teóricas prévias ou de hipóteses (Flick, 2004, p. 57-58). Neste quadro, portanto, as "suposições prévias" – sendo a hipótese uma explicitação das mesmas – não são necessárias ou mesmo desejáveis, já que são privilegiados os dados obtidos. Cabe ao pesquisador, portanto, estar aberto para descobrir o que o trabalho de campo possa lhe trazer, e a partir daí é que procurará as contribuições teóricas necessárias para compreender, interpretar e analisar os seus dados.

Nesta mesma direção situam-se diversos argumentos pela não obrigatoriedade das hipóteses. Diante da complexidade dos fenômenos humanos, sociais e culturais, as hipóteses poderiam, de alguma forma, limitar o próprio processo de pesquisa, direcionando-o demasiadamente. Com isso, seria impedida a percepção de "novos" fatores – não previstos ou pressupostos – que fossem encontrados em campo, dificultando a compreensão da complexidade dos fenômenos. E se, mesmo que inconscientemente, o pesquisador tiver alguma tendência pela confirmação da hipótese (ou seja, se ele estiver "torcendo" por isso), então a hipótese poderia direcionar demasiadamente a pesquisa, comprometendo o seu rigor e seriedade.

A esse respeito, é importante ter claro que, embora seja uma possível resposta à sua questão de pesquisa, a hipótese não precisa necessariamente ser confirmada para a pesquisa ser válida – afinal, como vimos acima, a refutabilidade é uma característica básica do conhecimento científico. Sendo o processo de pesquisa desenvolvido com rigor, um resultado como "a hipótese foi rejeitada" ou "não foi possível confirmar ou refutar a hipótese" (no caso de um resultado inconclusivo) são perfeitamente válidos, sendo possível, na conclusão do trabalho, apontar a necessidade de novas pesquisas e/ou de se adotar outras hipóteses. (Lembrar que o caso dos objetivos de pesquisa é distinto: todos os objetivos propostos devem ser realizados, como discutido no Capítulo 5.)

Neste momento do processo de elaboração de seu projeto de pesquisa, cabe definir-se em relação à adoção ou não de hipótese(s). A hipótese pode basear-se na literatura da área (em trabalhos teóricos ou em estudos já realizados), em estudos exploratórios, ou ainda na sua experiência profissional ou de vida. Antes de mais nada, cabe verificar se você já tem alguma pressuposição relacionada a uma possível resposta para seu problema/questão de pesquisa. Por vezes, alguns pressupostos já apareceram até mesmo nas suas primeiras tentativas de formulação do problema. Se você tem alguma pressuposição, então é melhor explicitá-la, formulando-a como uma hipótese e colocando-a em seu devido lugar no projeto. Neste sentido, consideramos que conscientizá-la e enunciá-la é um movimento favorável, que ajuda a controlar a subjetividade do pesquisador e um possível viés da pesquisa. É uma alternativa mais produtiva do que "torcer" inconscientemente pela confirmação de uma hipótese que não é assumida, e que deste modo pode chegar até mesmo a distorcer a sua coleta de dados.

As hipóteses podem ser formuladas na forma de uma (ou mais) proposição, ou mesmo de um pequeno texto (de alguns parágrafos), quando "julga-se insuficiente a hipótese simples [...] e se prefere combinar a hipótese com mais explicações, abordá-la de modo mais aprofundado", como apontam Laville e Dionne (1999, p. 125). Neste caso, lembrando sempre da necessária articulação e coerência entre os diferentes elementos do projeto, deve-se estar especialmente atento para não construir um texto de discussão sem relação direta com o problema/questão de pesquisa e que não cumpra a função de hipótese, se não se caracterizar como uma possível resposta ao seu problema.

Por outro lado, é importante levar em conta que sua hipótese não pode ser "menor" que a pergunta de seu problema de pesquisa, enfocando apenas um ponto específico, pois isto não se caracterizaria como uma possível resposta. Por exemplo, no campo da educação musical, diante de uma questão de pesquisa como "de que modo é desenvolvido o processo educativo numa Oficina de Banda Fanfarra do Programa Mais Educação?", a hipótese "o monitor não tem formação pedagógica específica" é claramente mais restrita. Uma hipótese (baseada nos resultados de outros estudos) mais adequada seria: "a prática segue a tradição das bandas escolares, com repetições exaustivas, e o monitor, que teve toda sua experiência musical em bandas, não tem uma formação pedagógica especifica"[1].

Por vezes, encontramos propostas de formular a hipótese como uma pergunta, o que consideramos inadequado, na medida em que ela é uma possível resposta à sua questão de pesquisa, cabendo, portanto, formulá-la como uma asserção (proposição afirmativa ou negativa), excluindo-se a forma interrogativa. Já encontramos também trabalhos apresentando as hipóteses na forma de duas frases, sendo uma a versão afirmativa e a outra negativa de uma mesma ideia. (Assim, por exemplo, em relação ao problema apresentado no parágrafo anterior, seriam formuladas como hipóteses de uma mesma pesquisa: "a prática *segue* a tradição das bandas escolares" e também "a prática *não segue* a tradição das bandas escolares".) Entendemos que esta opção equivale a apostar simultaneamente no sim e no não, o que contradiz o princípio do método hipotético-dedutivo, na medida em que uma teoria não poderia gerar simultaneamente hipóteses que apontam em direções contrárias, sendo também inviabilizada a possibilidade de comprovação *ou* refutação da hipótese, possibilidade esta inerente a esse método e ao princípio da refutabilidade que caracteriza o conhecimento científico.

Finalmente, cabe ressaltar que, como afirma Bell (2008, p. 35): "O importante não é tanto se há uma hipótese, mas se

---

[1] No campo da pedagogia, para uma questão de pesquisa como "de que modo é desenvolvido o processo de leitura na turma de alfabetização da escola *X*?", a hipótese "a professora não tem uma formação adequada" é muito restrita. Mas uma hipótese como "a leitura é trabalhada de modo tradicional, com o uso de cartilha, e a professora não tem uma formação adequada" já se mostra coerente com o seu problema de pesquisa.

você pensou atentamente sobre o que vale ou não a pena ser investigado." Nesta medida, como já discutido, é fundamental a formulação clara, precisa, e antes de mais nada consciente de seu problema/questão de pesquisa e de seus objetivos, e a coerência entre os diversos elementos de seu projeto.

SUA TAREFA AO FINAL DESTE CAPÍTULO

- Retome o seu problema/questão de pesquisa e seus objetivos, já formulados ao final dos Capítulos 2 e 5.
- Reflita um pouco sobre eles, procurando verificar se você já tem pressuposições consolidadas a respeito. Em caso positivo, suas suposições merecem ser tratadas como hipóteses e tomadas como um elemento do projeto de pesquisa (cf. Capítulo 3).
- Formule sua(s) hipótese(s) na forma de uma (ou algumas) proposição(ões) – ou mesmo de um pequeno texto – que configure uma possível resposta ao seu problema/questão de pesquisa.
- Como nas ciências humanas não é obrigatório trabalhar com hipótese, defina neste momento a sua posição a respeito, justificando sua opção de não trabalhar com hipótese, se for o caso.

# 7
ALTERNATIVAS METODOLÓGICAS NA PESQUISA QUALITATIVA:
o estudo de caso e outras abordagens

Este capítulo trata de algumas alternativas de pesquisa qualitativa que podem ser adotadas para o primeiro projeto de pesquisa. Assim, juntamente com os três próximos capítulos – que abordam as diversas fontes de dados e técnicas de coleta –, procura dar base para a definição da metodologia, um item importante de seu projeto. Certamente, esses capítulos não esgotam os seus temas[1], embora procurem pontuar as questões essenciais, de modo a sustentar a construção de seu projeto.

Desta forma, preparam a tarefa de elaboração do *Capítulo 11 – A definição do encaminhamento da pesquisa: orientações operacionais*, voltado para as decisões metodológicas para a realização da pesquisa.

Como já discutido no Capítulo 1 – *Conhecimento, Ciência, Pesquisa: discutindo nossos pressupostos* –, o modelo tradicional de pesquisa, tributário das ciências da natureza, não pode ser di-

---
[1] Desta forma, estudos complementares podem se fazer necessários. Se em sua formação você já teve outras oportunidades de tratar de temáticas de pesquisa, isto certamente ajudará, e pode ser interessante retomar os textos com que trabalhou. No currículo atual da Licenciatura em Música da UFPB, a disciplina voltada para a construção do projeto para o TCC tem como pré-requisito *Metodologia da Pesquisa em Educação Musical*, que lhe serve de base e preparação.

retamente aplicado nas ciências humanas e sociais, pelas especificidades destas áreas. Nelas, em busca de abordagens e métodos apropriados para contemplar a complexidade dos fenômenos a serem estudados, desenvolveram-se as propostas de pesquisa qualitativa, voltadas para *compreender*, em lugar de *comprovar*. Apesar de haver diferentes perspectivas, a pesquisa qualitativa tem, como eixo comum, ser "uma abordagem sistemática, cujo objetivo principal é compreender as qualidades de um fenômeno específico, em um determinado contexto" (Ilari, 2007, p. 37). A preocupação do pesquisador qualitativo com o contexto é enfatizada por diferentes autores (dentre outros, Bogdan; Biklen, 1994, p. 48). Neste sentido, Stake (2011, p. 25) sintetiza: "*O estudo qualitativo é situacional*: É direcionado aos objetos e às atividades em contextos únicos." Desta forma, considera que "cada local e momento possui características específicas que se opõem à generalização". Correlatas a esta perspectiva, encontram-se as relações que o pesquisador estabelece com o campo de pesquisa e com os participantes da mesma, em oposição à objetividade pretendida pela total separação entre o pesquisador e seu objeto, que é tomada como ideal no modelo positivista de ciência (Goldenberg, 2000, p. 19).

> De modo diferente da pesquisa quantitativa, os métodos qualitativos consideram a comunicação do pesquisador com o campo e seus membros como parte explícita da produção de conhecimento, ao invés de excluí-la ao máximo [...]. As subjetividades do pesquisador e daqueles que estão sendo estudados são parte do processo de pesquisa (Flick, 2004, p. 22).

Considerar a subjetividade tanto do pesquisador quanto dos participantes como parte do processo de pesquisa implica, portanto, focalizar os significados, o "modo como diferentes pessoas dão sentido às suas vidas" e às suas práticas, nos termos de Bogdan e Biklen (1994, p. 50-51). Assim, o pesquisador qualitativo procura apreender as diferentes concepções, percepções e pontos de vista (cf. tb. Stake, 2011, p. 25-26). Como consequência, todos os autores citados neste capítulo enfatizam o caráter *interpretativo* da pesquisa qualitativa.

Uma abordagem exemplar da pesquisa qualitativa é o estudo de caso[2], que busca conhecer uma realidade específica em profundidade, investigando "uma unidade com limites bem definidos" (André, 2010, p. 31) – como o processo de alfabetização realizado em uma turma ou a prática musical de certo grupo instrumental. Deste modo, o estudo de caso enfatiza o conhecimento do particular, de forma que seus resultados não podem ser generalizados para um universo ou população mais ampla. Destas suas características derivam algumas críticas, inclusive quanto à "utilidade de investigar campos que parecem tão estreitos [...], aos quais, inicialmente, se limitam as conclusões" (Laville; Dionne, 1999, p. 155).

No entanto, nosso contra-argumento é que um estudo de caso contribui, sim, para o desenvolvimento do conhecimento na área de pedagogia ou de educação musical, na medida em que permite conhecer, de modo sistemático e cientificamente controlado, uma realidade concreta – por exemplo, a prática pedagógica desenvolvida em uma determinada escola ou espaço educativo da Paraíba (ou de outra localidade). Neste sentido, cabe salientar que, devido ao caráter coletivo e cumulativo do

---

[2] No capítulo introdutório de seu clássico livro sobre esse tema, Yin (2005, p. 19-38) discute diversas concepções de estudo de caso, explicitando múltiplas possibilidades do mesmo, que pode inclusive trabalhar com dados quantitativos de forma exclusiva (p. 34). No entanto, aqui, tratamos especificamente do estudo de caso de caráter qualitativo, embora ressaltando, como Yin (2005, p. 34), que nem toda pesquisa qualitativa caracteriza-se como um estudo de caso – ou seja, essas duas expressões não são sinônimas, embora em nossa abordagem estejam intimamente relacionadas.

conhecimento científico, os vários estudos de caso possibilitam, progressivamente, uma compreensão mais ampla de diversas situações. Por sua vez, o estabelecimento de relações entre o caso focalizado numa dada pesquisa e outros já estudados permite encontrar similaridades ou diferenças, num processo que vai firmando gradativamente elementos relevantes para a caracterização e a análise de determinadas problemáticas[3]. Como discute André (2005, p. 16-18), o conhecimento gerado a partir de um estudo de caso, além de mais concreto e contextualizado, está mais voltado para a interpretação do leitor, que, ao trazer para os estudos de caso as suas próprias experiências e compreensões, pode "estender a generalização para populações de referência" – ou seja, pode estabelecer relações entre o caso objeto da pesquisa e outras situações de sua vivência.

Por outro lado, como coloca Yin (2005, p. 29-30), se os estudos de caso não podem ter seus resultados generalizados para populações ou universos mais amplos, eles "são generalizáveis a proposições teóricas". Neste sentido, em oposição à generalização estatística[4], o objetivo do estudo de caso "é expandir e generalizar teorias (generalização analítica)". Como discutido no Capítulo 1, teorias importantes como a psicanálise ou a teoria cognitiva de Jean Piaget foram construídas com base em estudos de caso, de modo que podemos dizer, parodiando o antropólogo Lévi-Strauss, que os estudos de caso "são bons

---

[3] Vale lembrar do exemplo de André (2004, p. 90), discutido no Capítulo 3, que, ao relacionar os resultados de sua pesquisa sobre a formação de professores com os de outros trabalhos anteriormente desenvolvidos sobre o mesmo tema, considera que esses diversos estudos podem progressivamente confirmar indicações importantes para a formação (inicial e continuada) de professores.

[4] A generalização estatística acontece, por exemplo, quando os resultados de um *survey* (levantamento) realizado com uma amostra probabilística – e, portanto, representativa – podem ser generalizados para a população-alvo (cf. Freitas; Oliveira; Saccol, 2000, p. 106).

para pensar" (cf. Rocha, 1998). Neste sentido, sintetiza Freire (2010):

> O foco das pesquisas é centrado, principalmente em estudos delimitados a casos específicos. As conclusões desses estudos são aplicáveis a reflexões mais amplas e a outros casos similares, mas não pretendem o simples estabelecimento de relações causais e generalizáveis (Freire, 2010, p. 82).

No entanto, se a limitada possibilidade de generalização marca o estudo de caso, sua maior vantagem, segundo Laville e Dionne (1999, p. 156), é a *"possibilidade de aprofundamento* que oferece, pois os recursos se veem concentrados no caso visado". Neste sentido, para compreender o particular em profundidade, na sua especificidade e complexidade, o estudo de caso costuma fazer uso de diferentes fontes de dados – ou seja, "baseia-se em várias fontes de evidências", nos termos de Yin (2005, p. 33) –, entrecruzando-as na análise. Deste modo, por exemplo, no estudo de uma determinada prática pedagógica, podem ser articulados dados coletados através da observação de aulas com os obtidos através de entrevista com o professor ou educador responsável, e ainda com a análise de fontes documentais – como o projeto educativo da instituição.

As características apresentadas por Yin (2005, p. 32) em sua definição de estudo de caso sintetizam boa parte da discussão até aqui desenvolvida: um estudo de caso é uma pesquisa empírica que investiga um fenômeno contemporâneo[5] – ou seja, que está acontecendo na atualidade – dentro de seu con-

---

[5] No sentido de registrar a diversidade de concepções, cabe ressaltar que Bogdan e Biklen (1995, p. 89-90) indicam a possibilidade de um estudo de caso focalizar "uma única fonte de documentos" ou de adotar uma "perspectiva histórica" – no estudo de uma instituição, por exemplo –, afastando-se, em certa medida, dessa caracterização de Yin (2005, p. 32) do estudo de caso como uma investigação *empírica* de um fenômeno *contemporâneo*.

texto da vida real – quer dizer, uma situação concreta, "natural" (ou naturalista), no sentido de que não é criada ou provocada pelo pesquisador, como no caso de um experimento realizado nas condições controladas de um laboratório. Assim, o estudo de caso é especialmente adequado quando se quer deliberadamente "lidar com condições contextuais – acreditando que elas poderiam ser altamente pertinentes ao seu fenômeno de estudo" (Yin, 2005, p. 32). Neste aspecto, reencontramos a ênfase situacional e a importância dada ao contexto, que, como vimos no início deste capítulo, caracterizam as abordagens qualitativas de pesquisa de modo geral.

Os estudos de caso mostram-se, portanto, como uma alternativa adequada e produtiva para investigar diversos fenômenos pedagógicos, quando os problemas/questões de pesquisa estão voltados para *conhecer e analisar uma situação educativa existente*. Adotando questões deste tipo, o pesquisador aborda práticas de ensino e aprendizagem que ocorrem em situação real, natural e atual, considerando que não pode focalizá-las de modo isolado, pois há diversos fatores contextuais a serem levados em conta para que seja possível compreender tais práticas. Retomemos, então, um exemplo de problema/questão de pesquisa discutido no Capítulo 2 – *O Processo de Formulação do Problema de Pesquisa: algumas orientações*[6].

a) Como o professor de uma turma de 6º ano do ensino fundamental trabalha *a apreciação musical / a leitura crítica*[7] com seus alunos?

---

[6] Vale lembrar que a enumeração e a ordem de apresentação dos problemas no presente capítulo, que traz também novos exemplos, não é a mesma do Capítulo 2.

[7] Como este texto aborda a elaboração do projeto de pesquisa tanto na área de educação musical quanto na área mais ampla da educação/pedagogia, exemplificamos com temáticas de cada área: para aquela, "a apreciação musical", e para a pedagogia, "a leitura crítica".

O problema (a) claramente indica como a melhor opção metodológica um estudo de caso, que deverá tomar como campo de pesquisa uma turma de 6º ano de uma escola (pública ou particular) de ensino fundamental. Quanto à escolha do caso que constituirá o campo de pesquisa, qualquer escola poderá em princípio servir (se um caso *instrumental*) ou será escolhida uma determinada escola por suas características peculiares (se um caso *intrínseco* – como discutiremos adiante).

No entanto, estudos de caso podem também ser a alternativa metodológica para focalizar alguma prática pedagógica desenvolvida em determinado contexto educativo (escolar ou não), mesmo partindo de um problema/questão de pesquisa um pouco menos delimitado. Examinemos os exemplos abaixo:

b) Como é desenvolvido o processo de alfabetização, numa perspectiva construtivista?

c) Como é realizado o ensino de instrumento em grupo em um projeto social?

Quanto ao problema/questão de pesquisa (b), pode ser realizado um estudo de caso em uma turma de 1º ano do ensino fundamental de uma escola particular cuja proposta pedagógica adote o construtivismo como base, por exemplo. Por sua vez, a questão (c) pode ser trabalhada através de um estudo de caso em um núcleo do Programa de Erradicação do Trabalho Infantil (PETI) que desenvolva uma prática de ensino coletivo de violão, dentre outras possibilidades. E os campos de pesquisa serão então, respectivamente, uma turma de 1º ano da escola particular X ou o núcleo Y do PETI[8]. É claro que, para que tais

---

[8] Por questões éticas, *não identificamos* as escolas, os espaços educativos ou os sujeitos en-

pesquisas sejam viáveis, são necessários contatos iniciais com os possíveis campos de pesquisa, para verificar se, realmente, existe uma turma de 1º ano de uma escola particular que desenvolva um processo de alfabetização construtivista ou um núcleo do PETI que tenha uma prática de ensino coletivo de violão, e ainda se há, nesses casos, a disposição dos diversos agentes envolvidos em participar da pesquisa.

No entanto, a natureza das questões (b) e (c), por seu caráter mais aberto, permite que outros casos sejam selecionados como campo de pesquisa. Em (b), por exemplo, o caso pode ser uma turma de alfabetização de adultos, enquanto (c) pode focalizar uma prática de ensino em um grupo de flauta doce, desenvolvida por outro projeto de cunho social, dentre outras possibilidades. Nesses exemplos, a questão de pesquisa não delimita de antemão as características do caso a ser estudado, deixando assim mais aberta a escolha do campo de pesquisa, que poderá ser definido em momento posterior do processo de elaboração do projeto, quando se for decidir o encaminhamento metodológico. Isso permite ter algum tempo para sondagens e contatos com possíveis campos empíricos, sendo pertinente, inclusive, considerar a possibilidade de algum estudo exploratório prévio para sustentar a definição do campo de pesquisa. Desse modo, as definições metodológicas poderão ser realizadas com consciência, levando em conta diversos fatores importantes para a viabilidade da pesquisa, inclusive quanto à aceitação do pesquisador naquela situação educativa.

Como aponta Yin (2005, p. 33), a pesquisa de estudo de caso pode abordar tanto um único caso, quanto alguns/vários

---

volvidos nas pesquisas. Assim, podem ser utilizados números, letras ou nomes fictícios para a referência aos mesmos. Outro aspecto ético relevante é a disponibilidade em participar voluntariamente da pesquisa. Os princípios de ética na pesquisa serão discutidos no Capítulo 13.

casos – nos chamados *estudos de caso múltiplos* ou *multicaso*[9]. Contrapondo-se a outros autores que pretendem diferenciar rigidamente essas abordagens, Yin entende que "estudos de caso único e de casos múltiplos, na realidade, são nada além do que duas variantes dos projetos de estudo de caso". Concordamos com esse posicionamento, na medida em que, quer se trabalhe com apenas um caso ou com vários, a natureza e características da pesquisa são mantidas, inclusive em relação às possibilidades de generalização.

Seja em relação ao estudo de um único caso ou de alguns casos – quando, então, pode haver alguma comparação entre os vários casos –, persiste o direcionamento básico da investigação, buscando examinar cada caso em sua particularidade e complexidade, de modo aprofundado e considerando os elementos contextuais. Como indica André (2010, p. 31), cada caso consiste em "uma unidade com limites bem definidos, tal como uma pessoa, um programa, uma instituição ou um grupo social". Sendo assim, a delimitação de um caso envolve uma questão de escala[10] – relativa à extensão do foco, das fronteiras do caso –, de modo que, por vezes, está em jogo, na coleta de dados, a questão da representatividade. Um exemplo, neste sentido, é tomar como caso um curso de licenciatura – seja uma licenciatura em música ou em pedagogia –, tendo, entre suas fontes de dados, entrevistas com professores e com alunos.

---

[9] Alguns autores adotam a designação de *estudo de caso coletivo*, "quando o pesquisador não se concentra num só caso, mas em vários, por exemplo, em várias escolas ou vários professores, com finalidade intrínseca ou instrumental" (André, 2005, p. 20). No entanto, não consideramos esta terminologia adequada ou mesmo suficientemente precisa, na medida em que os vários casos escolhidos não formam uma coletividade.
[10] O *Dicionário eletrônico Houaiss da língua portuguesa 3.0* lista como primeiro sentido literal de "escala": "relação entre as dimensões de um desenho e o objeto por ele representado", dando como exemplos a escala de um mapa, ou a representação do corpo humano em escala.

Diante da perspectiva de tomar como unidade de caso o curso como um todo e da impossibilidade de entrevistar todos os professores e alunos, coloca-se a questão da representatividade dos entrevistados[11], para que os dados assim coletados possam de fato permitir compreender a totalidade do curso. Desta forma, ao escolher os casos para estudo na área de educação ou educação musical, temos que estar atentos à questão da escala na delimitação do caso a ser estudado, à qual estão diretamente ligadas a demarcação do campo de pesquisa e a escolha dos instrumentos de coleta de dados. Consideramos ser mais adequado e viável, para um primeiro projeto de pesquisa, trabalhar com uma unidade delimitada em escala menor, como uma turma, a prática de um professor, ou ainda um grupo musical (de caráter educativo, como o coral de um curso ou de um projeto social) – ou de dois deles (ou no máximo três), em um estudo multicaso.

Como aponta André (2005, p. 24; 2010, p. 31), o caso pode ser escolhido porque é interessante em si mesmo, ou porque é uma instância de uma classe – ou seja, é um exemplo de uma categoria[12]. Isso quer dizer que, por um lado, o caso pode

---

[11] Do mesmo modo que em relação à amostra em um survey, estão em jogo as condições de generalização, no sentido de que os entrevistados representem realmente a totalidade dos corpos docente e discente do curso – ou seja, que o número e a forma de seleção dos entrevistados permitam generalizar os dados das entrevistas para o curso como um todo (cf. Freitas; Oliveira; Saccol, 2000, p. 106). No entanto, por vezes, a simples caracterização de uma pesquisa desse tipo como um estudo de caso, entendido como de caráter qualitativo, negligencia essa importante questão da representatividade dos dados coletados através de entrevistas, e mesmo assim esses dados, por vezes bastante limitados, são generalizados para a totalidade do curso (cf. Silva, 2011).
[12] André (2005, p. 19-20) apresenta a classificação de E. E. Stake – no livro de 1995, *The art of case study research* (A arte da pesquisa de estudo de caso) – de três tipos de estudo de caso: estudo de caso intrínseco, estudo de caso instrumental e estudo de caso coletivo. No entanto, entendemos que a diferenciação entre casos intrínseco e instrumental referese muito mais ao critério de seleção dos casos e sua finalidade, do que propriamente à caracterização de tipos distintos de estudo de caso. Quanto à designação de "estudo de caso coletivo", ver nota 9.

ser selecionado por seu caráter *intrínseco*, por suas características peculiares – por exemplo, retomando as questões (b) e (c), acima apresentadas, seria o caso de uma escola que está desenvolvendo uma prática de alfabetização (ou de ensino de instrumento em grupo, em um projeto social) que está alcançando resultados diferenciados, e o campo de pesquisa teria que ser, portanto, aquela determinada escola (ou aquele projeto social específico).

Por outro lado, a escolha do caso pode ser de natureza *instrumental*, quando a pesquisa pode focalizar qualquer ocorrência de uma determinada prática: qualquer escola que desenvolva uma prática de alfabetização em moldes construtivistas ou qualquer projeto social que tenha uma proposta de ensino de instrumento em grupo serão convenientes para os objetivos da pesquisa e poderão servir como campo de pesquisa. Um estudo de caso múltiplo pode, então, chegar a contemplar casos desses dois tipos, embora isso não seja obrigatório. Um exemplo neste sentido pode ser encontrado na pesquisa de mestrado de Lima (2007, p. 138), que desenvolveu um estudo de caso múltiplo com o objetivo de analisar como a Pluralidade Cultural – tema transversal proposto pelos Parâmetros Curriculares Nacionais (PCN) – era tratada nas séries iniciais do ensino fundamental. Para tanto, coletou dados em duas escolas municipais de Campina Grande/PB: uma que participava de um programa específico sobre o tema – configurando, portanto, um caso intrínseco – e uma escola municipal "qualquer" que aceitou participar da pesquisa – um caso instrumental (Lima, 2007, p. 17).

Com vistas à pesquisa para elaboração do TCC, recomendamos a realização de um estudo de caso, que consideramos, por sua delimitação, viável para uma primeira pesquisa. Como indicam Bogdan e Biklen (1994, p. 89), os estudos de caso podem ter variados graus de dificuldade, sendo realizados tanto por principiantes quanto por pesquisadores experientes; por suas características, "são mais fáceis de realizar do que os estudos realizados em múltiplos locais simultaneamente ou com múltiplos sujeitos". Dizem esses autores: "Comece por um estudo de caso. Tenha uma primeira experiência gratificante e prossiga, se assim o desejar, para estudos mais complexos".

Numa primeira experiência de pesquisa, talvez não seja possível chegar a uma análise mais aprofundada, e o estudo de caso adote, então, uma perspectiva mais descritiva – que é perfeitamente válida. Mesmo assim, o trabalho trará sua contribuição relativa ao estudo de uma realidade concreta em sua particularidade, se for feito com rigor e se procurar, mesmo na descrição, apresentar vários ângulos do fenômeno, a partir de diferentes fontes de dados. Neste sentido, para um estudante de licenciatura, o estudo de caso revela-se produtivo para a aprendizagem de técnicas de coleta e para o treinamento em pesquisa, por envolver diferentes tipos de dados/coletas: o levantamento e análise de fontes documentais – como projetos pedagógicos, propostas curriculares, materiais didáticos, dentre outros; a observação – indispensável para a análise de qualquer prática pedagógica; o uso de entrevista ou questionário, como modo de solicitar informações de diferentes pessoas – indicado especialmente para identificar concepções, expectativas e intenções, ou ainda os significados que cada agente dá a suas práticas.

Por sua vez, problemas/questões de pesquisa voltados para *conhecer e analisar algum aspecto de uma prática pedagógica existente*, por terem um foco mais reduzido, podem apontar para outras possibilidades de pesquisa qualitativa – que se colocam, aqui, como derivações de toda essa discussão sobre o estudo de caso. No entanto, atendo-se apenas a uma fonte de dados, as alternativas de pesquisa documental ou de pesquisa qualitativa com base em entrevistas (ou questionários) podem se mostrar mais simples para a primeira pesquisa de um licenciando.

Passemos a examinar, neste sentido, exemplos desse tipo de problema/questão de pesquisa, discutidos no Capítulo 2:

d) Como livros didáticos de Língua Portuguesa para os anos finais do ensino fundamental tratam a compreensão de textos?

Este problema/questão direciona-se para uma pesquisa documental. Assim, a partir de certos critérios – por exemplo, o(s) ano(s) de publicação ou seu emprego em determinada(s) escola(s) – podem ser selecionados alguns livros didáticos de Língua Portuguesa, de modo a constituir um *corpus*[13] a ser analisado. Com base nesse *corpus*, seriam realizados os objetivos que foram apresentados para este problema no Capítulo 5: identificar os gêneros textuais utilizados para trabalhar a compreensão de textos; analisar as atividades e exercícios propostos para a compreensão dos textos apresentados[14].

Por sua vez, o problema/questão de pesquisa (e) poderia ser abordado através de uma pesquisa qualitativa com base em entrevistas:

e) Quais as expectativas dos alunos ingressantes na Licenciatura em Música da Universidade *X*?

Ao se caracterizar como qualitativa, assume-se o caráter interpretativo da análise e a não pretensão de generalizar. Acreditamos ser esta opção mais produtiva do que os *surveys*

---

[13] Em seu glossário, Bauer e Glaskell (2004, p. 496) definem *corpus* como "conjunto limitado de materiais determinado de antemão pelo analista, com certa arbitrariedade, e sobre o qual o trabalho é feito".
[14] No Capítulo 8, que trata especificamente do uso de fontes documentais, ampliaremos a discussão desse problema/questão de pesquisa.

de pequeno porte, que já envolvem as complexas questões sobre amostragem probabilística e representatividade[15]. Como exemplo de pesquisa qualitativa com base em entrevista, Bastos (2010) investiga, em sua dissertação de mestrado, a trajetória de formação – que tradicionalmente se inicia através de práticas informais no campo da música popular – de três bateristas, estudantes de um curso técnico de música. Já Coutinho (2014) trabalha com um número maior de entrevistados – dez egressos do Bacharelado em Música da UFPB – numa pesquisa que visa compreender como os mesmos percebem a relação entre sua formação superior e a inserção e atuação profissional.

Vale ressaltar que, independentemente da estratégia de pesquisa escolhida, a primeira experiência em pesquisa deve ser um aprendizado do rigor necessário aos trabalhos acadêmicos e científicos, levando a experienciar a especificidade da pesquisa científica, em seu caráter reflexivo – como já discutido no Capítulo 1. Desta forma, visões escolares de "pesquisa" como trabalhos de base bibliográfica, de cunho apenas reprodutivista, poderão ser superadas. Neste sentido, os próximos capítulos dedicam-se às diferentes fontes de dados e seus procedimentos de coleta, tratando do uso de fontes documentais, da observação e de entrevistas ou questionários como técnicas de coleta de dados.

Neste ponto, torna-se importante compreender que os dados são *construídos* no processo de pesquisa, o que quer dizer que não são informações prontas e disponíveis, que apenas dependem de ser "achadas" para que seu problema/questão de pesquisa seja respondido satisfatoriamente. A ideia de dados construídos está diretamente ligada ao fato de que "encontrar" as informações desejadas na situação concreta estudada depen-

---

[15] A respeito, ver o item *Alternativas de pesquisa nas ciências humanas*, no Capítulo 1.

de do modo de "olhar" e de "procurar", ou seja, depende da ação do pesquisador ao selecionar focos de atenção, procedimentos de coleta etc. Tudo isso dará certa aproximação da situação estudada, que será sempre muito mais ampla e complexa do que essa apreensão possível – por princípio, limitada. Ou seja, trabalhamos com os dados possíveis, sendo fundamental estar conscientes das limitações de nossas fontes de dados e nossas técnicas de coleta, o que condiciona a nossa capacidade de conhecer a realidade, à qual não podemos ter um acesso pleno e direto. Assim, como diz Goldenberg (2000, p. 59), "somente uma parte bem reduzida da totalidade está representada nos dados", de modo que nosso conhecimento é sempre provisório.

8
TRABALHANDO COM FONTES DOCUMENTAIS

Fontes documentais podem ser utilizadas em diversos tipos de pesquisa. Elas são extremamente úteis em pesquisas históricas, nas quais por vezes são as únicas fontes de dados disponíveis, já que não é possível observar as práticas pedagógicas de momentos históricos passados e, muitas vezes, não é mais possível colher depoimentos de participantes. Assim, podem constituir a principal fonte de dados em uma pesquisa documental, ou podem, em um estudo de caso, ser articuladas a dados obtidos através de observação e/ou entrevista, com vista a um maior aprofundamento e a uma maior compreensão do fenômeno pesquisado.

Por muito tempo, a concepção de documento restringia-se ao "documento escrito, sobretudo o oficial" (Sá-Silva; Almeida; Guindani, 2009, p. 6), mas atualmente ela abrange diversas formas de registro já disponíveis – sejam eles escritos (impressos, manuscritos ou digitais), sonoros, visuais etc.

> "Documento" é um termo geral para uma impressão deixada em um objeto físico, por um ser humano. A pesquisa pode envolver a análise de fotografias, filmes, vídeos, slides [e também gravações] e outras fontes não escritas, todas podendo ser classificadas como documentos, mas o tipo mais comum em pesquisa educacional são as fontes impressas ou manuscritas [...] (Bell, 2008, p. 109).

São exemplos de fontes documentais úteis para pesquisas na área de educação, incluindo também a educação musical: (i) documentos do governo e autoridades, como leis, resoluções e pareceres do Conselho Nacional de Educação (CNE) ou do Conselho Federal de Educação (CFE); (ii) propostas curriculares de caráter nacional, como a Base Nacional Comum Curricular (BNCC) ou produzidas pelas secretarias estaduais ou municipais; (iii) as propostas pedagógicas elaboradas pelas instituições de ensino, como os projetos político-pedagógicos (PPPs); (iv) documentos relativos ao planejamento pedagógico e à prática educativa, como projetos escolares, planos de ensino, exercícios (trabalhos ou provas) realizados pelos alunos etc.[1]; (v) relatórios de atividades produzidos em vários níveis institucionais; (vi) informações de bancos de dados, como o Censo Escolar, do INEP[2]; (vii) materiais didáticos, dentre outros.

As fontes documentais são indispensáveis aos estudos de caráter histórico sobre a educação (incluindo a educação musical) e, ainda, aos trabalhos voltados para compreender e discutir criticamente a política educacional. No entanto, na área de educação musical, por vezes nos deparamos com o "discurso de autoridade", que valoriza estudos já publicados sobre o tema. Com isso, difundiram-se certas interpretações imprecisas ou mesmo equivocadas dos termos normativos oficiais, como as afirmações correntes de que a Lei 5.692/71 tirou a música da escola e também desvalorizou o ensino de arte ao tratá-lo como atividade, ou ainda de que a atual Lei de Diretrizes e Bases para a Edu-

---

[1] Esses e outros documentos são produzidos "a partir do funcionamento cotidiano do sistema educacional" (nos termos de Bell, 2008, p. 110), podendo configurar fontes úteis para pesquisa, conforme os objetivos da mesma.
[2] O INEP, Instituto Nacional de Estudos e Pesquisas Educacionais Anísio Teixeira, vinculado ao Ministério da Educação, dedica-se a promover estudos, pesquisas e avaliações sobre o Sistema Educacional Brasileiro.

cação Nacional (LDBEN), Lei 9.394/96, trouxe a música de volta à escola[3]. No entanto, o discurso de autoridade não atende aos critérios do conhecimento científico, que é necessariamente *crítico* e *fundamentado*[4]. Como afirma Silva (2010, p. 65-66), "o discurso de autoridade esconde uma deficiência argumentativa. [...] O melhor argumento não respeita qualquer tipo de autoridade. Não tem idade, anterioridade, posição na carreira, titulação ou cargo que possa se sobrepor à lógica argumentativa". Assim, para combater a reprodução indiscriminada do discurso de autoridade, consideramos fundamental ir às próprias fontes – o que atualmente é extremamente facilitado pela disponibilidade da maioria dos termos normativos oficiais na internet, onde é possível encontrar até mesmo leis do Império – e consultar diretamente o texto das leis, resoluções etc[5].

É preferível, portanto, ir diretamente às *fontes primárias* – as próprias leis, no caso – em lugar dos textos que apresentam ou discutem essas leis e que constituem *fontes secundárias*, essas privilegiadas pelo discurso de autoridade. Neste exemplo, é bastante clara a diferença entre fontes primárias – "dados originais, a partir dos quais se tem uma relação direta com os fatos a serem

---

[3] Nos textos tanto da Lei 5.692/71 quanto da Lei 9.394/96, apesar da nomenclatura diferente (Educação Artística e ensino da arte, respectivamente), há apenas uma referência genérica à área de arte, sem qualquer indicação a respeito das linguagens artísticas que potencialmente integram esse campo (Penna, 2013, p. 54-55). Quanto à questão da área de arte ser tratada como atividade, é bom ter em conta que "atividades", "áreas de estudo" ou "disciplinas" eram diferentes tratamentos dados às matérias que compõem o currículo, com base no art. 5º da Lei 5.692. E isto era colocado para todas as matérias, e não apenas para a Educação Artística. A este respeito, podem ser consultados: Parecer 853/1971; Resolução 8/1971 e Parecer 4.833/1975, todos do Conselho Federal de Educação/CFE (cf. Brasil, 1979) – também disponíveis on-line.

[4] Ver item *Conhecimento cotidiano e conhecimento científico* (Capítulo 1), e especialmente a discussão sobre o princípio da refutabilidade e o caráter reflexivo e transitório do conhecimento científico, que se opõe tanto ao dogma quanto ao discurso de autoridade.

[5] Entendemos que este cuidado deve nortear qualquer menção a leis ou outros termos normativos da política educacional, mesmo em textos acadêmicos que não se vinculem diretamente a uma pesquisa documental.

analisados, ou seja, é o pesquisador(a) que analisa" – e fontes secundárias, como "dados de *segunda mão*", "informações que [já] foram trabalhadas por outros estudiosos" (Sá-Silva; Almeida; Guindani, 2009, p. 6). Esta distinção é bastante relevante em relação a documentos históricos e a todos aqueles que dizem respeito às políticas educacionais (atuais ou passadas) – lembrando ainda que, neste caso, é importante tratar com a devida clareza e precisão dos diversos documentos (leis, diretrizes curriculares, pareceres, resoluções, propostas curriculares etc.) que se articulam para delinear a política educacional, pois nem todos são produzidos na mesma instância, nem têm a mesma abrangência ou obrigatoriedade. Uma *lei* (como a atual LDBEN) é elaborada pelo Congresso Nacional (poder legislativo) e promulgada pelo presidente da República, tendo caráter obrigatório e alcance nacional. Outras determinações mais específicas a respeito da aplicação da LDBEN em nível nacional são definidas pelo CNE, através de diferentes termos normativos. Os *pareceres*, elaborados por um conselheiro (relator), são apreciações (discussões, avaliação) de determinadas questões, muitas vezes propondo o estabelecimento de certas normas, que deverão ser votadas pelo conselho. Através desse processo de apreciação e deliberação, as diversas Diretrizes Curriculares Nacionais da Educação Básica (Brasil, 2013) foram estabelecidas através de *resoluções* – decisões do CNE com caráter normativo e obrigatório após serem homologadas pelo Ministro da Educação[6]. Já as *propostas curriculares* elaboradas pelo Ministério da Educação (MEC) – como a BNCC ou os Parâmetros Curriculares Nacionais (PCN) – têm caráter oficial, mas só se

---

[6] Assim, as várias Diretrizes Curriculares Nacionais (DCN) são normas *infralegais*, pois, apesar de sua obrigatoriedade, estão em posição inferior a uma lei, na disposição hierárquica jurídica.

tornam obrigatórias quando definidas como tal por resolução do CNE[7]. Ainda há outras instâncias que estabelecem normas para o ensino em nível estadual ou municipal.

No entanto, a diferenciação entre fontes primárias e secundárias não é tão simples assim, pois, como mostra Bell (2008, p. 109-110): "A distinção é complicada pelo fato de alguns documentos serem primários de um ponto de vista e secundários de outro". Por vezes, portanto, essa caracterização vai depender da perspectiva do estudo, dos objetivos da pesquisa. Assim, em princípio, trabalhos acadêmicos ou artigos científicos são fontes secundárias, fontes bibliográficas. No entanto, podem se caracterizar como um *corpus* documental, constituindo *o material que o pesquisador analisa,* sendo esta uma característica das fontes primárias, conforme Sá-Silva, Almeida e Guindani (2009, p. 6 – acima citado)[8]. Nesta perspectiva, Arroyo (2009) analisa 11 trabalhos de pós-graduação que tratam da articulação entre juventudes, músicas e escolas, enquanto Amui (2013), em sua dissertação de mestrado, analisa um *corpus* de 51 artigos com enfoque na educação musical no campo da educação básica, publicados em periódicos científicos – caracterizando-se ambas como *pesquisas documentais.*

Nesse mesmo sentido, apesar de todo registro escrito poder, em princípio, ser considerado como um documento, a diferença entre fonte bibliográfica e documental depende, em grande medida, da função que cada fonte específica cumpre em determinada pesquisa. Segundo Oliveira (2007 *apud* Sá-Silva;

---

[7] Os PCNs, elaborados na década de 1990, não tinham formalmente um caráter obrigatório. Atualmente, a BNCC é o documento curricular oficial e obrigatório, em nível nacional, Sua obrigatoriedade foi estabelecida através de resoluções do CNE.

[8] A nosso ver, essa distinção entre fontes primárias e secundárias pode até perder sua relevância, como nas pesquisas que apresentamos como exemplos na sequência, pois elas não têm uma perspectiva histórica e explicitam com clareza tanto seus objetivos quanto os critérios de seleção do material que constitui o *corpus* documental analisado pelo pesquisador.

Almeida; Guindani, 2009, p. 5-6), a pesquisa bibliográfica trabalha diretamente com fontes científicas, estudando e analisando "documentos de domínio científico, tais como livros, periódicos, enciclopédias, ensaios críticos, dicionários e artigos científicos", proporcionando assim o acesso direto a obras sobre o tema em estudo. Por sua vez, na pesquisa documental buscam-se informações em "documentos que não receberam nenhum tratamento científico, como relatórios, reportagens de jornais, revistas, cartas, filmes, gravações, fotografias, entre outras matérias de divulgação". Por extensão, chegamos à distinção entre fonte bibliográfica – obras sobre o tema, buscadas para fundamentação, por exemplo – e fonte documental – o *corpus* que, em determinada pesquisa, constitui o material a ser analisado pelo pesquisador. Assim, as mencionadas pesquisas de Arroyo (2009) e Amui (2013) tomam trabalhos de pós-graduação ou artigos científicos, respectivamente, como fontes documentais, na medida em que constituem o seu objeto de análise; mas essas mesmas pesquisas também fazem uso de diversas fontes bibliográficas, vários estudos e artigos acadêmicos e científicos, seja em sua revisão de literatura, para embasar sua proposta ou sua análise, seja para comparar seus resultados com o de outros trabalhos existentes sobre o tema[9].

Podemos, aqui, estabelecer um paralelo com o problema/questão de pesquisa discutido no Capítulo 7:

- Como livros didáticos de Língua Portuguesa para os anos finais do ensino fundamental tratam a compreensão de textos?

---

[9] Neste sentido, já que toda pesquisa precisa fazer tal uso de fontes bibliográficas, podemos dizer que qualquer pesquisa envolve, necessariamente, uma pesquisa bibliográfica.

Nessa pesquisa, como já indicado no capítulo anterior, o *corpus* documental a ser analisado seria constituído por certo número de livros didáticos de Língua Portuguesa, selecionados conforme critérios devidamente explicitados. Além dos documentos do *corpus*, caberia considerar outros documentos educacionais que poderiam ser úteis como fontes complementares – por exemplo, a BNCC, na medida em que, como proposta curricular oficial, norteia a elaboração de livros didáticos –, ajudando a contextualizar o *corpus* e sua análise.

Por outro lado, essa pesquisa exigiria também a utilização de fontes bibliográficas. Além de essenciais para a revisão de literatura e a análise, como acima mencionado, tais fontes seriam indispensáveis para a concretização do objetivo específico de discutir concepções de "compreensão de texto" com base em diferentes autores[10]. E essa discussão sobre as concepções de compreensão de texto é que fundamentaria, então, a análise do *corpus*, de modo a realizar o objetivo específico: analisar as atividades e exercícios propostos para a compreensão dos textos apresentados.

No entanto, antes mesmo de começar a analisar os documentos de acordo com os objetivos da pesquisa – seja em uma pesquisa documental ou em um estudo de caso que também faça uso de fontes documentais –, Sá-Silva, Almeida e Guindani (2009, p. 8-10) apresentam cinco dimensões para a avaliação preliminar dos documentos[11], que constitui a primeira etapa de qualquer análise documental: (i) o contexto; (ii) o(s) autor(es); (iii) a autenticidade e a confiabilidade do texto; (iv) a natureza do texto; (v) os conceitos-chave e a lógica interna do

---

[10] Ver os objetivos para este problema/questão de pesquisa apresentados no Capítulo 5.
[11] Os autores baseiam-se em: Cellard, A. A análise documental. In: Poupart, J. et al. *A pesquisa qualitativa*: enfoques epistemológicos e metodológicos. Petrópolis: Vozes, 2008.

texto. Na mesma direção, Bell (2008, p. 113-115) refere-se à análise crítica dos documentos. A dimensão de autenticidade e confiabilidade do texto corresponde ao que Bell denomina de "crítica externa", que "visa descobrir se um documento é ao mesmo tempo genuíno (isto é, não é forjado) e autêntico (ou seja, é o que se propunha a ser e realmente informa sobre seu tema)" (Bell, 2008, p. 113). Já as demais dimensões para a avaliação preliminar relacionam-se com a "crítica interna" de Bell (2008, p. 113-115), embora esta autora não empregue os mesmos termos e desdobre a crítica interna em diversas questões e exemplificações.

A nosso ver, a dimensão do contexto é a mais importante, interligando-se também à do(s) autor(es):

> É primordial em todas as etapas de uma análise documental que se avalie *o contexto histórico no qual foi produzido o documento, o universo sociopolítico do autor e daqueles a quem foi destinado*, seja qual tenha sido a época em que o texto foi escrito. [...] O pesquisador não pode prescindir de conhecer satisfatoriamente a conjuntura socioeconômico-cultural e política que propiciou a produção de um determinado documento. Tal conhecimento possibilita apreender os esquemas conceituais dos autores, seus argumentos, refutações, reações e, ainda, identificar as pessoas, grupos sociais, locais, fatos aos quais se faz alusão etc. (Sá-Silva; Almeida; Guindani, 2009, p. 8-9 – grifos nossos).

Neste sentido, mesmo quando não lidamos com um passado remoto, temos que fazer o esforço de procurar conhecer e compreender o contexto em que o documento foi produzido, de modo a evitar o etnocentrismo – ou seja, evitar tomar como referência a nossa própria vivência atual cotidiana, ao considerar os documentos e as questões neles tratadas. Assim, ao analisar documentos relativos à política educacional das décadas de 1930-1940 – por exemplo, a Reforma Francisco Campos, do ensino secundário, ou a experiência do canto orfeônico nas escolas brasileiras –, temos que levar em conta um Brasil com características bastante distintas: naquele momento histórico, a população do país era majoritariamente rural e muitas vezes isolada, pelos precários recursos de comunicação e de transporte; o índice de analfabetismo era imenso e a escolarização bastante reduzida. Não podemos, portanto, pensar o Brasil dessa época com nossas referências atuais de um sistema de ensino público instituído por todo o país, com um acesso praticamente universal ao ensino fundamental (pelo menos quanto ao ingresso no 1º ano); aliás, cabe até mesmo lembrar que as designações relativas à organização do ensino são empregadas distintamente em diferentes momentos históricos, sem necessariamente corresponder à ordenação escolar atual, o que também precisa ser devidamente contextualizado[12]. Por outro lado, levar em conta o quadro político e ideológico do regime ditatorial do Estado Novo (1937-1945), que fazia uso sistemático da propaganda e exercia controle direto sobre os meios de comunicação, inclusive através da censura[13], pode ser essencial para dar a devida dimensão à documentação disponível sobre o projeto do canto orfeônico, pois esta muitas vezes representa o "relato oficial". Os limites da documentação existente remetem

---

[12] Como um exemplo, na Reforma Francisco Campos, o ensino secundário compreendia "dois cursos seriados: fundamental e complementar". Entretanto, "este então denominado 'curso fundamental' *não corresponde ao atual ensino fundamental*, mas sim à segunda fase deste" – atualmente, 6º ao 9º anos (cf. Penna, 2012, p. 1446).
[13] "A censura foi uma importante faceta do regime. O DIP [Departamento de Imprensa e Propaganda] não só preparava material de propaganda do governo como controlava com censores todas as matérias da imprensa escrita e falada. As concessões de rádio eram rigorosamente controladas por esse órgão, e 60% das matérias dos noticiários eram fornecidos pela Agência Nacional" (Araújo, 2000, p. 38-39). Neste quadro, os espaços de expressão de divergências eram bastante restritos.

à importante questão, discutida ao final do capítulo anterior, de que trabalhamos com os dados possíveis, que condicionam a nossa capacidade de conhecer a realidade, sempre mais ampla e mais complexa. Seja numa pesquisa propriamente documental, seja quando o documento constitui uma das fontes de dados em um estudo de caso, após a etapa inicial de avaliação preliminar dos documentos, a análise volta-se para o conteúdo dos mesmos, buscando interpretá-los em função dos objetivos propostos para a pesquisa. Existem técnicas específicas de "análise de conteúdo"[14] de textos escritos – inclusive algumas de cunho quantitativo, focalizando o conteúdo manifesto e a frequência com que certos termos e expressões são empregados. No entanto, para uma primeira pesquisa, acreditamos ser suficiente e mais adequado assumir o caráter interpretativo da análise dos documentos, análise essa direcionada pelos objetivos da pesquisa – com base nos quais pode ser elaborado um roteiro como apoio para a análise do material (cf. Arroyo, 2009, p. 66) – e estabelecendo um diálogo com outros estudos sobre o tema. Esta proposta é condizente com a perspectiva qualitativa da pesquisa, podendo ser seguidos os princípios gerais que serão apresentados no Capítulo 12 – *A análise dos dados: algumas diretrizes básicas.*

---

[14] A respeito das técnicas específicas de análise de conteúdo, ver Franco (2008), Laville e Dione (1999, p. 214-228) – dentre outros.

9
A OBSERVAÇÃO NA PESQUISA QUALITATIVA SOBRE TEMAS EDUCACIONAIS

Em nosso desenvolvimento pessoal, desde crianças, muitas coisas aprendemos por meio da observação. Ela é "a primeira forma de aproximação do indivíduo com o mundo em que vive", mas também constitui um procedimento básico da investigação científica, inclusive no modelo tributário das ciências da natureza, na medida em que um experimento realizado em laboratórios, em condições controladas e preestabelecidas, também envolve a observação de seus resultados. Por sua vez, observatórios são construídos para estudos do cosmos (Tura, 2003, p. 184).

No âmbito deste livro, no entanto, trataremos especificamente da observação como técnica de coleta de dados[1] em pesquisas qualitativas na educação/educação musical.

---

[1] Como discutem Freire e Cavazotti (2007, p. 25), é possível também tratar a observação como um "método de pesquisa" – sendo método tomado aqui em um nível operacional, "referente aos procedimentos básicos de pesquisa, à interação direta do pesquisador com o objeto de pesquisa". Os autores propõem, ainda, a abordagem do método de pesquisa em dois outros níveis, sendo o último "um nível ideológico e filosófico", subjacente aos demais. Ver também Pozzebon (2004a, p. 26-31) sobre os diferentes sentidos de "método de pesquisa". No entanto, este autor considera como "técnicas" os diferentes "recursos e procedimentos específicos de coleta de dados", que compreendem também a observação, a entrevista e o questionário. Alinhamo-nos com o tratamento deste autor.

Observar é, provavelmente, o procedimento de pesquisa básico que, de certa forma, está implícito em todos os outros, pois quem entrevista está observando as declarações de um depoente, quem analisa uma música [ou um documento] está observando elementos e estruturas que a caracterizam etc. (Freire; Cavazotti, 2007, p. 27).

A observação direta da realidade social – no caso, de um contexto educativo – atende à busca por metodologias que permitam uma "maior aproximação com o acontecer da vida social e análise do *ponto de vista* dos atores" (Tura, 2003, p. 185).

Neste campo, a observação é uma técnica de coleta essencial e indispensável quando o problema/questão de pesquisa focaliza a prática pedagógica, que precisa ser analisada a partir de dados coletados por observação direta, não sendo suficiente apenas o depoimento dos envolvidos sobre a prática de que participam. O relato de um professor sobre sua própria prática – recolhido através de uma entrevista ou questionário – revela concepções, intenções, os significados que a prática tem para ele, mas não pode ser tomado pela prática em si. Neste sentido,

> A observação pode ser útil para descobrir se as pessoas fazem o que dizem que fazem, ou comportam-se da maneira como declaram. No entanto, a observação também depende da maneira como as pessoas percebem o que está sendo dito ou feito (Bell, 2008, p. 159).

É essencial, portanto, ter consciência do que é possível obter com cada técnica de coleta, com suas potencialidades e limites, e trabalhar com isso de modo coerente e consistente[2].

---

[2] Neste sentido, a escolha, por questões de viabilidade, de uma técnica de coleta de dados pode implicar a necessidade de revisar e reajustar os objetivos da pesquisa, buscando

Dados de observação dizem respeito a "informações que podem ser vistas, ouvidas ou sentidas diretamente pelo pesquisador", sendo muito utilizados por pesquisadores qualitativos (Stake, 2011, p. 103). No entanto, envolvendo perceber e registrar, "observar não é só ver, é também pensar sobre o que se vê – e aí a observação deixa de ser somente da prática, instituindo-se também como dimensão da teoria" (Morato; Gonçalvez, 2009, p. 114). Neste mesmo sentido, Tura (2003, p. 185) afirma que "a observação não prescinde de pressupostos teóricos que balizem o processo investigativo e sejam o seu ponto de partida", de modo que se faz necessário inter-relacionar continuamente a coleta em campo com a revisão de literatura e ainda buscar outras fontes de dados que ajudem a contextualizar e compreender a situação educativa estudada.

Assim, a observação como técnica de coleta de dados diferencia-se da visão do senso comum, do "olhar ingênuo", pois situa-se, aqui, como um procedimento de pesquisa, sendo guiada pelos princípios do conhecimento científico e tendo por diferencial a postura de pesquisador. Uma vez que é conhecida a possibilidade de diferenças na percepção de um mesmo fenômeno ou evento por observadores distintos (cf. Bell, 2008, p. 159), cabe explicitar seus critérios e procedimentos. Mesmo considerando o caráter interpretativo da pesquisa qualitativa, faz-se indispensável a atitude reflexiva sobre o próprio desenvolvimento da pesquisa e da coleta de dados através da observação, junto com o esforço de distanciamento, para evitar o etnocen-

---

articulá-los coerentemente. Por exemplo, uma pesquisa qualitativa com base (apenas) em entrevistas com educadores sociais não pode pretender *analisar a prática pedagógica desenvolvida* por eles.

trismo, através do exercício antropológico de familiarização e estranhamento (Arroyo, 2000, p. 16)[3].

Considerando que não damos conta de perceber conscientemente todos os estímulos ambientais que chegam a nossos sentidos a cada instante, cabe indagar "o que deve efetivamente ser observado?" (Vianna, 2007, p. 20). O olhar do pesquisador é direcionado por seus objetivos de pesquisa, que, por sua vez, derivam da questão/problema de pesquisa, como discutido no Capítulo 5. Neste sentido,

> A observação está relacionada com a definição clara do(s) objetivo(s) da pesquisa, pois da clareza desses objetivos decorre, de certa forma, a clareza sobre quais aspectos observar e de que forma. Não que se deva desprezar a possibilidade de registrar observações não previstas, e que se revelaram interessantes no momento do registro de uma situação [...] (Freire; Cavazotti, 2007, p. 27).

Sendo assim, numa pesquisa sobre práticas musicais em turmas de educação infantil, não interessa observar e registrar o modelo de sandália que a criança usa, a não ser que seu calçado seja utilizado em alguma atividade de produção sonora. No entanto, se a pesquisa é sobre objetos de consumo das crianças relacionados à mídia, é pertinente observar e registrar que a menina usa uma sandalinha que traz o nome de uma apresentadora de programas infantis. Neste sentido, apontam Beaud e Weber (2007, p. 98): "[A observação] É uma ferramenta de descoberta e de verificação. [...] Cabe a você construir o que deve verificar.

---

[3] O artigo de Arroyo (2000) constitui uma boa exemplificação do exercício antropológico de tratar o familiar como estranho e o estranho como familiar, que atende ao princípio antropológico da *relativização*. Como discute André (2005, p. 25-26), a relativização consiste em evitar centrar-se na cultura e nos valores do observador/pesquisador, colocando o eixo de referência no universo investigado.

Não se observa sem referências, sem pontos de balizamento". Neste quadro, pode ser útil a elaboração de um *roteiro*[4] para a observação, a partir dos objetivos da pesquisa. Acreditamos que, para pesquisas qualitativas na educação/educação musical, são mais produtivos roteiros que indiquem os principais focos de atenção – de modo a evitar dispersão –, mas que permitam apreender elementos novos e não previamente previstos, mas que venham a se mostrar relevantes para a pesquisa[5]. A elaboração de um roteiro atende, portanto, à necessidade de *planejamento* da observação, para que possa ser considerada um "instrumento metodológico", como indicam Moroz e Gianfaldoni (2006, p. 77). Segundo esses autores, além de planejada, a observação precisa ser *registrada adequadamente*[6].

Com roteiros semiabertos, as formas de registro de suas observações não são predeterminadas, mas é importante diferenciar em suas anotações o que é descrição do que acontece do que é comentário seu (avaliação ou reflexão) sobre o que acontece; o que é fala literal de algum envolvido do que é uma síntese com suas próprias palavras (paráfrase) do que foi dito. É importante, portanto, estabelecer convenções para indicar esses diferentes tipos de registro, para que posteriormente não se perca no momento de analisar o material coletado. Para um pesquisador iniciante, tanto em relação à observação propriamente quanto à forma de registrá-la, é recomendável que, antes

---

[4] Como Bell (2008, p. 162), utilizamos aqui o termo *roteiro*, mas há variações, como o emprego do termo *guia* – por Beaud e Weber (2007, p. 98) – ou *grade* – por Laville e Dione (1999, p. 179). As observações podem ser mais ou menos estruturadas (cf., dentre outros, Bell, 2008, p. 160-167; Laville e Dione, 1999, p. 176-180), implicando o uso de roteiros com diversos graus de "fechamento" e predeterminação quanto ao que deve ser observado e à forma de registrá-lo.
[5] Acreditamos poder denominar esse tipo de roteiro proposto como *semiaberto* ou *semiestruturado*.
[6] No mesmo sentido, ver também Vianna (2007, p. 14).

de realmente ir coletar os dados, pratique um pouco, observando alguma situação similar à de sua pesquisa, como forma de treinar as habilidades necessárias para a coleta de dados[7] (cf. Stake, 2011, p. 107-108).

Podemos, então, assim sintetizar nossa discussão até este ponto:

> A observação é uma das mais importantes fontes de informações em pesquisas qualitativas em educação. Sem acurada observação, não há ciência. *Anotações cuidadosas e detalhadas vão constituir os dados brutos das observações*, cuja qualidade vai depender, em grande parte, da maior ou menor habilidade do observador e também da sua capacidade de observar, sendo ambas as características desenvolvidas, predominantemente, por intermédio de intensa formação (Vianna, 2007, p. 12 – grifos nossos).

Há diversas denominações e classificações propostas para as várias formas de observação[8], mas acreditamos que, sem necessariamente se preocupar com todas elas, o mais relevante é a indicação clara de seus procedimentos de pesquisa, dos encaminhamentos estabelecidos para a coleta dos dados. Neste sentido, um aspecto essencial é definir o seu envolvimento com a situação observada, o que diz respeito à "participação do pesquisador na vida diária de um indivíduo, grupo ou comunidade" (Bell, 2008, p. 160). Embora haja posturas distintas[9], usualmente

---

[7] Por exemplo, em algumas situações de observação não participante, é importante ser capaz de tomar notas manuscritas em um caderno de forma rápida e clara, usando inclusive abreviações que possam ser compreendidas posteriormente de forma inequívoca. Embora possa parecer banal, isso pode não ser tão simples, já que o hábito de escrever à mão está cada vez mais reduzido.
[8] Ver, entre outros, Vianna (2007, p. 16-17).
[9] Dentro da tradição etnográfica, oriunda da antropologia, muitos autores consideram toda observação como participante "porque se admite que o pesquisador tem sempre um grau de interação com a situação estudada, afetando-a e sendo por ela afetado" (André, 2005, p.

a designação de *observação participante* – ou participativa (cf. Bell, 2008, p. 160-162) – é empregada quando o pesquisador se envolve no grupo e/ou na atividade, observando "de dentro", como nas pesquisas de Prass (2004, p. 28) e de Tanaka (2003, p. 23-25), que participaram das baterias de escolas de samba (em Porto Alegre e João Pessoa, respectivamente) para compreender como se desenvolvia o fazer musical – e sua aprendizagem – nesse contexto. Assim,

> No caso da observação participante, o observador é parte da atividade objeto da pesquisa, procurando ser membro do grupo, e na observação não participante o observador não se envolve nas atividades do grupo sob observação e não procura ser membro desse grupo (Vianna, 2007, p. 18).

Neste quadro, nos estudos de caso com base nos três problemas/questões de pesquisa – (a), (b) e (c) – discutidos no Capítulo 7, a *observação* da prática pedagógica seria uma técnica indispensável para a coleta de dados, em sua forma *não participante*[10] e, também, *naturalista*: "A observação naturalista é feita no ambiente natural [...] e não procura manipular, modificar ou mesmo limitar o meio ou os comportamentos dos participantes" (Vianna, 2007, p. 48). Deste modo, as anotações (como forma de registro) poderiam ser realizadas durante as próprias

---

26). Sem desconsiderar tal interação, entendemos, no entanto, que essa abordagem negligencia a explicitação do grau de envolvimento do pesquisador com o grupo e/ou a situação estudada, classificando-se da mesma forma procedimentos de observação que se diferenciam. Por outro lado, a noção de reatividade – que diz respeito ao efeito do observador – trata da questão de como o observador afeta a situação investigada, como veremos adiante.
[10] Muitas vezes, embora a observação da prática pedagógica não se pretenda participativa e o pesquisador procure adotar uma postura de distanciamento, pode haver situações em que se faz necessário interagir com membros do grupo, conforme a dinâmica do ambiente. Esses casos, então, não devem ser escamoteados, mas sim explicitados como dados de pesquisa, como faz Melo (2005, p. 75-78).

observações das aulas, preferencialmente de forma manuscrita, evitando-se o uso de recursos tecnológicos que possam chamar a atenção dos alunos.

No entanto, no caso em que você participe de um projeto com caráter educativo – talvez de sua própria universidade –, seria possível uma observação participante. Por exemplo, uma questão de pesquisa que focalize *como se desenvolve a prática de conjunto* (como parte da formação musical) *em um determinado grupo instrumental* de que você faça parte, pode ser investigada através de um estudo de caso, com coleta de dados por meio da observação participante[11]. Nessa situação, não seria possível a realização de anotações detalhadas durante a observação, de modo que os registros em um diário de campo precisariam ser realizados posteriormente, tão logo fosse possível, cabendo exercitar a capacidade de memorização.

Na pesquisa de Prass (2004, p. 19) na escola de samba, o registro das observações foi realizado em um diário de campo, mas a pesquisadora fez uso também de fotografias e de gravações em áudio e vídeo, tal como Tanaka (2003, p. 26). Tais recursos, embora extremamente úteis no caso das observações participantes e muito valorizados por alguns autores, envolvem questões éticas relacionadas à autorização de todos os envolvidos, especialmente quanto ao uso da imagem (seja apenas para fins de registro para a pesquisa ou para a sua divulgação em publicações

---

[11] Esse estudo de caso poderia ainda explorar outras fontes de dados: documentos (como partituras, ou ainda a proposta do grupo, se for o caso de integrar um projeto de extensão universitária, por exemplo) e entrevistas (com o maestro ou coordenador do grupo), dentre outras possibilidades – ver, p. ex., Nunes (2013, p. 14-18). Mesmo considerando sua participação ativa no grupo instrumental, cabe esclarecer que não se trata aqui de uma pesquisa-ação, na medida em que você participa do grupo e do processo musical desenvolvido, mas não tem papel decisivo na sua definição e condução, papel esse que cabe ao pesquisador responsável pela intervenção desenvolvida na pesquisa-ação (cf. Melo; Penna, 2013, p. 1861-1864).

da mesma), o que pode se mostrar bastante complexo quando há crianças envolvidas[12]. Assim, ressalvando-se a importância dos registros em áudio – menos problemáticos – para pesquisas que enfoquem práticas de ensino e aprendizagem musical, entendemos que os registros visuais (através de fotografias ou vídeos) não são indispensáveis, sendo fundamental considerar a sua real necessidade e viabilidade (cf. Stake, 2011, p. 107-108), de modo que não recomendamos o seu uso em um primeiro projeto de pesquisa.

Um aspecto importante ao se considerar a observação como técnica de coleta de dados é o efeito do observador – ou reatividade –, relativo ao fato de que a percepção de estar "sendo observado por outra pessoa ou instrumento (câmara ou gravadores, por exemplo) afeta a maneira como habitualmente [alguém] se comporta em determinada situação" (Vianna, 2007, p. 42; cf. tb. Laville; Dionne, 1999, p. 181). Sendo este efeito inerente à observação, condicionando os dados que podem ser obtidos através dela, é preciso levá-lo em conta ao se definir os encaminhamentos da coleta[13]. Como o efeito do observador tende a se atenuar com o prosseguimento da observação, cabe planejar a coleta de dados com continuidade e por um tempo adequado para obter dados mais confiáveis[14].

---

[12] Nesse caso, quem daria a autorização? O "responsável" pela criança? Mas isso nem sempre é fácil de definir no quadro das novas configurações familiares (cf. Brandão, 2002, p. 35-36), o que pode gerar inúmeros problemas. Ver também Azevedo *et al.* (2005, p. 4-6), sobre questões éticas na pesquisa educacional com crianças e com o uso de vídeos em sala de aula.
[13] A esse respeito, ver Capítulo 11 – *A definição do encaminhamento da pesquisa: orientações operacionais*.
[14] Assim, por exemplo, a indicação de que "foram realizadas observações durante 10 horas/aulas" nada garante, se a observação foi realizada em dois dias seguidos, observando-se apenas uma única aula de música em dez turmas diferentes. Neste caso, uma aula isolada não fornece dados confiáveis sobre o processo pedagógico, ao mesmo tempo que não houve condições, em cada turma, para o efeito do observador diminuir.

Mesmo com esses cuidados no encaminhamento da coleta, temos que ter consciência de que, em pesquisas com foco na prática pedagógica, estamos observando apenas uma parcela do processo educativo desenvolvido naquela determinada turma ou grupo, processo esse mais amplo e mais complexo, que, no entanto, não temos como acompanhar e apreender em sua integridade. É essencial, portanto, planejar nossa pesquisa levando em conta as características da observação e todos os fatores que a afetam, de modo a obter dados os mais significativos e confiáveis possíveis, mas sempre considerando os limites de nossas técnicas de coleta.

10
O USO DE ENTREVISTAS E QUESTIONÁRIOS NA PESQUISA QUALITATIVA EM EDUCAÇÃO

Além da observação, "uma [outra] maneira reconhecida e comprovada [...] de obter informação consiste em colher os depoimentos de pessoas que detêm essa informação" (Laville; Dionne, 1999, p. 183). Para tanto, podem ser empregados questionários ou entrevistas, técnicas de coleta de dados que podem ser utilizadas por diversas perspectivas teóricas, tanto em pesquisas quantitativas quanto qualitativas. Assim, a depender do tipo de pesquisa e de seus objetivos, as entrevistas ou questionários são distintamente construídos, conduzidos ou aplicados a um número diferenciado de pessoas. Em um *survey* de grande escala, por exemplo, com coletas extensas e com tratamento estatístico das respostas, pode ser mais adequado trabalhar com questionários rigidamente padronizados, com perguntas fechadas que ofereçam alternativas de respostas, por ser mais fácil tabular os dados que produzem. No entanto, nos limites deste livro, nossa discussão se restringe à utilização de entrevistas e questionários em pesquisas qualitativas no campo da educação/educação musical.

A diferença básica – e clássica – entre questionários e entrevistas, em suas diversas formas, é que os questionários são escritos e as entrevistas são orais, de viva voz, comumente face a face[1]. Desta forma, as entrevistas são interativas e permitem a observação de posturas corporais e expressões faciais do entrevistado, que podem também ser consideradas informativas. Por este caráter, as entrevistas podem ter formatos mais abertos e flexíveis, capazes de refletir o dinamismo da interação estabelecida entre entrevistador e entrevistado, como veremos adiante.

Já para a aplicação de um questionário, é preciso considerar não apenas se a pessoa a quem queremos pedir informações é alfabetizada, mas também a intimidade que ela tem com a escrita e se esse instrumento não pode ser percebido de alguma forma como "ameaçador". Por exemplo, alunos de ensino fundamental podem perceber um questionário como um teste ou uma prova, preocupando-se em achar a resposta "correta". Por outro lado, um questionário não identificado pode ser mais protetor para revelar informações que não seriam expressas pessoalmente em uma entrevista. O questionário, quer com perguntas abertas ou fechadas (oferecendo alternativas de respostas), sendo preestabelecido por sua forma escrita (e muitas vezes impresso), não tem flexibilidade para ser alterado ao longo de sua aplicação.

Mas essa distinção básica entre esses dois instrumentos de coleta de dados, com base em seu caráter oral ou escrito, tem sido modificada pelas novas mídias e tecnologias, pelas alternativas como os *chats* on-line – "conversas" através da internet –, que, apesar de escritas (digitadas), são interativas, ou ainda com os recursos de vídeo que permitem um encontro virtual face a face, como no *Skype*[2].

---

[1] Há a variante da entrevista por telefone, que, a nosso ver, deve ser utilizada com cautela, sendo mais adequada para estudos exploratórios com vistas à seleção de um campo de pesquisa, por exemplo.

[2] O *Skype* é um software que permite conversar com o mundo inteiro, fazendo gratuitamente chamadas de voz ou com vídeo, enviando mensagens de *chat* e compartilhando arquivos.

A elaboração de entrevistas e questionários não é tarefa simples, pois podem ser organizados de diferentes maneiras, existindo livros inteiros a respeito dessas técnicas de coleta (Szymanski, 2004; Rosa; Arnoldi, 2006; Vieira, 2009, dentre outros). Sem pretender esgotar sua diversidade e complexidade, vamos abordar aqui as questões mais pertinentes às pesquisas qualitativas em educação/educação musical, que possam ser úteis para a construção do primeiro projeto de pesquisa. Entrevistas e questionários podem ser planejados de modo mais ou menos rígido, padronizado e preestabelecido, ou de modo mais aberto[3]. Os termos utilizados para classificar seus diferentes tipos variam bastante, dependendo dos autores (ou das traduções)[4]. Em um extremo, encontramos as designações de entrevistas e questionários rigidamente padronizados ou estruturados, em contraposição aos não estruturados, livres ou assistemáticos – que "solicitam respostas espontâneas, não dirigidas pelo pesquisador" (Goldenberg, 2000, p. 86).

No meio termo, aplicando-se em princípio apenas às entrevistas, pois dependem de ajustes interativos, encontramos a forma semiestruturada (ou semidiretiva), na qual um roteiro básico (com perguntas abertas) é preparado para a condução da entrevista, mas sendo aplicado de forma flexível, conforme o desenvolvimento da interação:

> O questionamento é mais profundo e, também, mais subjetivo, levando ambos [entrevistador e entrevistado] a

---

[3] Há ainda uma variante: o "formulário", que é um questionário aplicado e "preenchido pelo entrevistador, no momento da entrevista", segundo Lakatos e Marconi (1988, p.187). No entanto, entendemos que este caso poderia ser considerado também como *uma entrevista rigidamente estruturada* (até mesmo com perguntas fechadas e o oferecimento de alternativas de respostas), com a peculiaridade de que o registro das respostas é feito pelo entrevistador, sem gravação em áudio.
[4] Do mesmo modo, há diferentes designações para quem é entrevistado – como informante, depoente, respondente, pesquisado, participante ou sujeito (da pesquisa) etc.

um relacionamento recíproco, muitas vezes, de confiabilidade. [...] As questões seguem uma formulação flexível, e a sequência e as minúcias ficam por conta do discurso dos sujeitos e da dinâmica que acontece naturalmente (Rosa; Arnoldi, 2006, p. 31).

Nesse caso, portanto, são possíveis perguntas de esclarecimento, a mudança da ordem das perguntas ou sua reformulação, conforme a necessidade[5]. A nosso ver, a entrevista semiestruturada é mais adequada para nossas propostas de pesquisa qualitativa, permitindo, por exemplo, tanto solicitar informações sobre a formação ou experiência do professor ou educador, quanto buscar, com mais flexibilidade, suas concepções ou os significados que atribui à sua própria prática. Como na maioria das vezes as pesquisas qualitativas não trabalham com um número grande de entrevistas, essa opção é bastante viável e produtiva.

Por sua vez, a entrevista narrativa é uma alternativa que tem se mostrado valiosa para várias pesquisas em educação musical, inclusive para TCC. A narrativa é "uma das formas fundamentais com que as pessoas organizam sua compreensão do mundo [...] elas dão sentido a suas experiências passadas e compartilham essas experiências com outras" (Gibbs, 2009, p. 80). Nesta abordagem, como indica Flick (2004, p. 110-112), é apresentada uma questão norteadora e há um mínimo de inter-

---

[5] No entanto, as classificações não são coincidentes. Laville e Dionne (1999, p. 188) diferenciam ainda: (i) entrevista *semiestruturada* – "Série de perguntas abertas, feitas verbalmente em uma ordem prevista, mas na qual o entrevistador pode acrescentar perguntas de esclarecimento"; (ii) entrevista *parcialmente estruturada* – as questões (abertas) são preparadas antecipadamente, mas há "plena liberdade quanto à retirada eventual de algumas perguntas, à ordem em que essas perguntas estão colocadas e ao acréscimo de perguntas improvisadas". A nosso ver, não é necessária ou produtiva uma classificação tão minuciosa. Nossa ideia de um roteiro aplicado com flexibilidade – que costumamos denominar de entrevista *semiestruturada* – pode atender a essas duas classificações, na medida em que a flexibilidade na utilização do roteiro durante a entrevista dependerá tanto da interação estabelecida quanto da experiência do entrevistador.

ferência por parte do pesquisador, de modo que o entrevistado é deixado mais à vontade para relatar suas experiências com a música ao longo de sua vida – desde sua infância, em qualquer contexto e com qualquer tipo de música. Assim, mesmo que o foco da pesquisa não seja a história de vida musical ou o percurso de formação do participante, a entrevista narrativa permite obter dados mais significativos, por exemplo, sobre a importância de um determinado projeto social ou de uma determinada banda escolar em sua formação, do que o esquema de pergunta e resposta de uma entrevista focalizando especificamente essa questão. Porque, se essa experiência foi de fato significativa, isto certamente aparecerá em seu relato com riqueza de detalhes, sem que seja induzido por questões do tipo: "*tal* projeto social foi importante para sua relação com a música?". Para aprofundar a coleta, também é possível realizar uma entrevista semiestruturada em um segundo momento[6], retomando pontos significativos de sua narrativa e aprofundando questões relacionadas aos objetivos da pesquisa.

Mas é preciso levar em conta que cada forma de estruturação de entrevistas e questionários tem suas vantagens e desvantagens. Ao formular questões muito diretas ou apresentar alternativas fechadas, podemos estimular ou mesmo induzir certas respostas, mas se não o fizermos talvez a informação desejada não seja apresentada espontaneamente[7].

---

[6] O roteiro (flexível) para essa segunda entrevista será elaborado com base na transcrição da primeira entrevista narrativa.
[7] Por exemplo, analise as diferenças entre as perguntas "como você planeja suas aulas?" e "você usa livros didáticos ao planejar suas aulas?". No primeiro caso, provavelmente a incidência de respostas que mencionem o livro didático será menor do que quando é feita a segunda pergunta, ou quando se apresenta "com base em livros didáticos" como alternativa de resposta para a primeira questão. No entanto, a ausência da menção ao livro didático no primeiro caso não significa necessariamente que ele não é usado, mas que não foi lembrado ou considerado relevante pelo respondente naquele momento. Esta é uma constatação decorrente de nossas próprias pesquisas (Penna, 2002b; 2002c).

Por sua vez, se trabalhamos com perguntas fechadas, as alternativas apresentadas precisam cobrir todas as possibilidades, sob o risco de induzir as respostas, conduzindo-as conforme nossas pressuposições (ou hipóteses não assumidas, conforme discutido no Capítulo 6). Muitas vezes, a depender da pergunta, alternativas que se reduzem a SIM ou NÃO não permitem apreender a diversidade de situações possíveis, pois a realidade não costuma ser tão dicotômica[8].

No caso do uso de questionários, é preciso levar em conta sua conhecida baixa taxa de retorno – sejam os mesmos entregues pessoalmente para posterior retorno, ou enviados pelo correio ou pela internet –, o que pode até mesmo inviabilizar uma pesquisa, como reconhece André (2010, p. 86-87). Assim, é preciso buscar formas de motivar a sua devolução ou pensar em alternativas, como aplicá-lo presencialmente a um grupo – por exemplo, aos alunos de uma turma, ao final da aula.

De todo modo, em qualquer de suas formas de estruturação, entrevistas e questionários precisam ser elaborados com cuidado, avaliando-se a informação que se deseja, qual a melhor maneira de formular a pergunta para obtê-la, qual o melhor momento de colocá-la em relação às outras indagações previstas. No processo de sua construção, como indica Goldenberg (2000, p. 89-90), é importante redigir um primeiro rascunho, discuti-lo com outras pessoas – especialmente com o profes-

---

[8] Em sua pesquisa sobre os impactos do Programa Mais Educação em escolas do Rio Grande do Sul, com coleta de dados através de questionários, Mosna (2014, p. 243) indaga, em uma pergunta dirigida aos professores, se, na percepção deles, "o Programa (oficinas) tem contribuído para melhorar a aprendizagem dos estudantes", apresentando as alternativas *sim* ou *não*. Mesmo com o oferecimento de um espaço complementar para "comentário/ considerações", acreditamos que essa formulação compromete a "sensibilidade" do questionário como instrumento de coleta, quanto à sua capacidade de captar as variações na percepção dos professores, o que afeta, por conseguinte, a análise das respostas obtidas. Consideramos que seria essencial oferecer alternativas intermediárias, como "um pouco" ou "em certas áreas".

sor orientador – e depois tornar a revisá-lo. Em seguida, como recomendam diversos autores (Goldenberg, 2000, p. 89-90; Brandão, 2002, p. 36), cabe realizar um pré-teste ou aplicação piloto, que, dirigida a um número pequeno de participantes com perfil semelhante ao das pessoas às quais pretende efetivamente pedir depoimentos em sua pesquisa, servirá tanto para seu próprio treinamento com o instrumento de coleta de dados, quanto para checar a adequação do mesmo. Assim, nesse momento, podem ser incluídas perguntas relativas ao próprio questionário ou entrevista, quanto à clareza das questões, ao tempo necessário para respondê-las, à própria condução da entrevista semiestruturada, se for o caso. Também para esta entrevista acreditamos ser necessária uma aplicação piloto, até mesmo para o pesquisador se familiarizar com o uso flexível do roteiro e ganhar experiência e desenvoltura. Com base no pré-teste, então, o roteiro de entrevista ou o questionário será reelaborado, buscando sanar as dificuldades encontradas.

No caso de entrevistas, a gravação em áudio é a forma de registro mais recomendável, mas deve ser negociada com o entrevistado, cuja autorização é indispensável.

> A gravação do material é de fundamental importância, pois, com base nela, o pesquisador está mais livre para conduzir as questões, [e] favorecer a relação de interlocução [...]. Esse registro tem uma função também importante na organização e análise dos resultados pelo acesso a um material mais completo do que as anotações podem oferecer e ainda por permitir novamente escutar as entrevistas, reexaminando seu conteúdo (Zago, 2003, p. 299).

A gravação resulta na necessidade da transcrição, o que não é tarefa simples ou fácil. Como Gibbs (2009, p. 28-29), entendemos que "a transcrição é um processo interpretativo". Por suas próprias características, a fala diferencia-se da linguagem escrita, envolvendo pausas, repetições, hesitações, alongamento de vogais e outros elementos que os linguistas que trabalham com análise da conversação procuram indicar em suas transcrições[9]. No entanto, como indica Gibbs (2009, p. 28), uma vez que poucas pessoas "falam em prosa gramatical", cabe ao pesquisador "decidir quanto daquilo que está na gravação deve ser transcrito". Como discute Weber (1996, p. 175-176), a transcrição não deve ser tão fiel à "expressão do interlocutor em seus mínimos detalhes" que chegue a tornar "a leitura quase impossível", nem tampouco o tratamento e "limpeza" do texto devem alterá-lo a ponto de descaracterizar o entrevistado e sua cultura.

Considerando todos esses dilemas envolvidos no processo de transcrever, é em função dos objetivos da pesquisa que os critérios de transcrição precisam ser estabelecidos e seguidos. Em nossas pesquisas na área de educação, entendemos que o conteúdo dos depoimentos é mais importante do que sua forma, de modo que temos adotado os seguintes critérios: transcrição na ortografia padrão (ou seja, como a palavra é escrita no dicionário), respeitando as construções de frases empregadas pelo entrevistado; no entanto, conforme o caso, "limpamos" o uso excessivo de marcadores conversacionais[10]. Se você pretende fazer uso de entrevistas em sua pesquisa, caberia prever em seu projeto a gravação e a transcrição, esta como parte do trata-

---

[9] A respeito, ver Marcuschi (1986; 2001, p. 25-26).
[10] "Os *recursos verbais* que operam como marcadores [conversacionais] formam uma classe de palavras ou expressões altamente estereotipadas, de grande ocorrência e recorrência – como "né", "tá", dentre muitos outros. Os marcadores são muitas vezes tratados erroneamente como "vícios de linguagem" por textos que abordam a entrevista e sua transcrição. No entanto, do ponto de vista linguístico, eles são característicos da fala: não trazem informações novas – de modo que não valem por seu conteúdo –, mas ajudam a organizar o desenvolvimento da conversação, tendo caráter interativo e comunicativo (Marcuschi, 1986, p. 62; cf. tb. p. 61-74).

mento e análise dos dados, indicando-se os critérios básicos que pretende empregar[11].

Como qualquer outro instrumento de coleta de dados, os depoimentos obtidos por meio de questionários ou entrevistas têm os seus limites. É conhecido o fato de que existe certa tendência de o participante responder aquilo que acredita que o pesquisador quer ouvir, ou ainda uma propensão a apresentar-se do melhor modo possível, o que é natural como forma de autoproteção. Como ressalta Goldenberg (2000, p. 85), "é bom lembrar que lidamos com o que o indivíduo deseja revelar, o que deseja ocultar e a imagem que quer projetar de si mesmo e de outros". Assim, essas questões têm que ser levadas em conta não apenas ao se analisarem os dados obtidos, mas também nos processos de entrada em campo e na condução da entrevista. Afinal, a interação que se estabelece entre o pesquisador e o pesquisado influi nas respostas, sendo fundamental construir uma relação de confiança para se conseguir depoimentos mais espontâneos e aprofundados (cf. Zago, 2003, p. 301-303).

É considerando esses limites de nossos instrumentos de coleta que devemos proceder à sua análise. Dessa forma, é preciso respeitar o depoimento concedido, procurando compreender o seu contexto de produção e os fatores que o condicionaram.

> O que está em questão sempre, no caso das entrevistas [e também questionários], é menos a deformação ou veracidade das respostas do que *a compreensão da lógica de produção do sentido pelo entrevistado* (o processo de cons-

---

[11] A indicação de que as entrevistas serão simplesmente transcritas "literalmente" não é suficiente, por falta de clareza e precisão. Gibbs (2009, p. 29) discute razões para transcrever – ou não –, indicando que "alguns pesquisadores defendem a análise direta de uma gravação em vídeo ou áudio". De todo modo, pelo menos trechos significativos para sua análise precisarão ser transcritos.

trução das representações sociais e/ou as bases da descrição de situações) (Brandão, 2002, p. 37 – grifos nossos).

Num estudo de caso, dados de entrevistas ou questionários podem ser entrecruzados aos de outras fontes, permitindo chegar a uma compreensão mais profunda do fenômeno estudado. Dados de observação podem ajudar a analisar possíveis diferenças entre discurso e prática, intenção e ação, por exemplo. De todo modo, temos consciência de que nossa capacidade de conhecer e compreender é sempre provisória, constituindo a apreensão possível de uma realidade muito mais ampla e complexa.

11
A DEFINIÇÃO DO ENCAMINHAMENTO DA PESQUISA:
orientações operacionais

Neste momento do processo de elaboração de seu projeto, cabe pensar e planejar detalhadamente o encaminhamento da pesquisa, fazendo as escolhas metodológicas necessárias para a realização da mesma. Seu problema/questão de pesquisa já foi definido adequadamente e formulado com clareza, constituindo a pergunta que direciona o processo investigativo (Capítulo 2). A revisão bibliográfica já ajudou a situar o seu tema e seu problema na produção da área, mostrando, através dos estudos já realizados, diversas possibilidades de abordagem teórica e empírica, num processo que certamente deve ter ajudado na definição de seu próprio enfoque (Capítulo 4). Os objetivos – geral e específicos – indicaram, na forma de ações a serem realizadas ao longo da pesquisa, os desdobramentos que seu problema/questão exige (Capítulo 5). Você já deve também ter se decidido quanto a trabalhar ou não com hipótese (Capítulo 6). Cabe agora – tomando como base os Capítulos 7 a 10, que discutem alternativas de pesquisa qualitativa e as diversas fontes de dados e técnicas de coleta – planejar como concretizar, na prática, seus objetivos de pesquisa. Ou seja, chegamos ao momento de definir quais dados são necessários para sua pesquisa e como serão coletados.

Dentro da perspectiva que estamos trabalhando, de um estudo de caso ou de uma pesquisa qualitativa com base em entrevistas, você deverá ir a campo – quer dizer, debruçar-se sobre uma situação educativa concreta[1] – para coletar dados. Ou você irá selecionar um *corpus* para analisar, no caso de uma pesquisa documental. De todo modo, seu projeto não poderá se basear *apenas* em fontes bibliográficas, embora sem dúvida a pesquisa bibliográfica também integre obrigatoriamente o seu processo de trabalho, aliás, desde a etapa da revisão de literatura.

O ideal é que, neste momento, você já tenha feito os contatos prévios necessários para definir a situação educativa (uma escola, uma Organização Não Governamental/ONG etc.) que lhe servirá de campo. Neste caso, embora sem identificá-la, por motivos éticos, é importante apresentar suas características, assim como da turma ou grupo que vai investigar. Ou seja, sem citar nomes, dizer *como é* essa escola (ou situação educativa) e quais as características da turma (ou grupo) que será objeto de sua pesquisa. Isto é importante para que "o leitor possa tirar suas próprias conclusões sobre os resultados e a sua possível aplicação em [...] situações similares" (Goldenberg, 2000, p. 58).

É preciso avaliar com cuidado quais os tipos de dados e procedimentos de coleta que são necessários e adequados, em função de seu problema/questão de pesquisa e de seus objetivos:

> A maior parte dos pesquisadores em ciências sociais [e áreas afins] admite, atualmente, que não há uma única técnica, um único meio válido de coletar os dados em todas as pesquisas. [...] É o processo da pesquisa que qua-

---

[1] O termo "situação educativa concreta" indica que não se trata obrigatoriamente de uma escola de educação básica ou uma escola de música, na medida em que sua pesquisa pode enfocar algum processo educativo em contextos extraescolares – como em projetos sociais, igrejas etc.

lifica as técnicas e os procedimentos necessários *para as respostas que se quer alcançar* (Goldenberg, 2000, p. 62 – grifos nossos).

Então, se seu problema de pesquisa enfoca como se desenvolve uma determinada prática pedagógica, será indispensável observar o desenvolvimento dessa prática – e a *observação* será sua principal técnica de coleta de dados (Capítulo 9). Se, por outro lado, seu problema está voltado para as expectativas dos alunos ingressantes em uma Licenciatura em Música, será preciso "ouvir" o que esses alunos pensam, buscando o seu depoimento, relato ou testemunho, através de *entrevista ou questionário* (Capítulo 10). Se o foco de sua questão é como a compreensão de textos é tratada em livros didáticos ou em propostas educativas institucionais – sejam elaboradas por diversas instâncias governamentais (como a BNCC) ou por instituições educativas (como o projeto pedagógico da escola) –, as *fontes documentais* serão indispensáveis (Capítulo 8).

Nos estudos de caso, por sua vez, a articulação de diversos tipos de dados mostra-se bastante produtiva, permitindo uma investigação mais aprofundada do caso escolhido, como discutido no Capítulo 7. Assim, é possível entrecruzar, por exemplo, fontes documentais com dados obtidos através de observações ou de entrevistas, de modo a alcançar uma descrição mais detalhada e uma compreensão mais aprofundada. Neste sentido, os objetivos específicos – ao desdobrar e pontuar o objetivo geral, por sua vez diretamente vinculado ao problema/questão de pesquisa – dão uma boa sinalização da necessidade das diversas fontes de dados. Por exemplo (retomando alguns objetivos apresentados no Capítulo 5), o objetivo geral de compreender como é desenvolvida a apreciação musical em uma turma do 6º ano do ensino fundamental pode ser desdobrado, entre outros, nos objetivos específicos de: (a) descrever as atividades propostas para o desenvolvimento da apreciação musical; (b) identificar as concepções do professor sobre "apreciação musical"; (c) verificar como a proposta pedagógica da escola trata a educação musical e sua função educativa. Tais objetivos específicos indicam, pois, como procedimentos necessários e adequados para a coleta de dados: (a) a observação; (b) a entrevista (preferencialmente semiestruturada); (c) a análise de documentos. Essas diversas fontes de dados deverão, inclusive, ser entrecruzadas e comparadas no momento de análise, para que possam ser evidenciadas as convergências e contradições entre atuação e concepção, proposta e prática real, discurso e ação.

No seu projeto, os procedimentos de coleta devem ser cuidadosamente planejados, mesmo considerando-se que eles podem precisar ser ajustados (ou mesmo revistos) no curso do processo de pesquisa. Mas esta atividade de planejamento tem a função de preparar o desenvolvimento da pesquisa, para que esta se realize de forma consciente e coerente, de modo sistemático e cientificamente rigoroso. Assim, se não é possível garantir que aquilo que é proposto poderá ser realizado sem contratempos quando se estiver em campo, podemos estar cientes das dificuldades envolvidas, estando preparados para enfrentá-las, tomando como base as indicações de pesquisadores e estudiosos experientes.

Sendo a observação uma técnica de coleta essencial para a análise da prática pedagógica, enfocada em muitos dos objetivos apresentados, nesse momento de definições metodológicas faz-se necessário pensar como encaminhá-la concretamente. Como discutido no Capítulo 9, a presença de um observador em sala de aula, mesmo sem a intenção de interferir, afeta o comportamento do professor e da turma. Assim, "a melhor maneira de controlar esta interferência é tendo consciência de como este fato pode ser minimizado ou, inclusive, analisado como dado de pesquisa" (Goldenberg, 2000, p. 55). Por conseguinte, as observações não podem ser esporádicas e isoladas, pois seu planejamento precisa considerar o chamado "efeito do observador" e o fato de que este tende a diminuir com o tempo e a habituação. Como não podemos observar todo o processo pedagógico desenvolvido em uma turma ao longo do ano letivo, planejemos uma observação contínua e com duração adequada para que seja possível acompanhar, descrever e analisar o desenvolvimento dessa prática, e não nos contentemos com observações ocasionais, que não atenderiam aos critérios de rigor e validade da coleta.

Ao elaborar o item de metodologia de seu projeto de pesquisa, os dados a serem coletados devem ser especificados o melhor possível – por exemplo: quais documentos serão analisados, o que se pretende observar em sala de aula, que tipo de informação se pretende colher com entrevistas. Interligada à definição dos dados, faz-se necessária a previsão detalhada do encaminhamento da coleta – por exemplo: onde, com que frequência e por quanto tempo se dará a observação; de que modo serão aplicados os questionários ou desenvolvidas as entrevistas, com quais (e quantas) pessoas e como estas serão selecionadas. Neste ponto, também, não há regras fixas, e o mais importante é procurar alternativas capazes de responder ao seu problema/ questão de pesquisa. Por exemplo, se o objetivo geral é analisar o processo de adaptação de crianças (que nunca frequentaram a escola) ao ambiente e rotina escolares, numa turma de educação infantil, pode ser produtivo observar a turma durante as primeiras duas semanas de aula (com continuidade), tomando como focos principais tanto os comportamentos e atitudes das crianças quanto as estratégias utilizadas pelo professor para promover essa adaptação, e posteriormente retornar para mais um período de observação (de uma semana, por exemplo) alguns meses depois, quando o processo de adaptação já estiver consolidado, de modo a poder comparar as duas situações.

Assim, nesta etapa de planejamento do encaminhamento da pesquisa, é preciso escolher as fontes de dados, técnicas de coleta e procedimentos para realizá-las que sejam adequados aos seus objetivos, tendo sempre em conta a necessidade de uma articulação coerente entre os diversos elementos de seu projeto de pesquisa. Posteriormente, em qualquer texto resultante de sua pesquisa – seja o próprio TCC ou alguma apresentação em um encontro científico, por exemplo – caberá sempre explicitar os encaminhamentos metodológicos adotados, detalhando como foi realizada a sua coleta de dados, inclusive indicando as datas da mesma – ou seja, quando foram realizadas as entrevistas ou aplicados os questionários, qual o período de observação etc. A apresentação clara dessas informações é importante para qualificar o seu texto, deixando evidente em que bases sua exposição e discussão se sustentam e permitindo avaliar o rigor de sua pesquisa.

Também merece ser planejada a análise dos dados – que discutiremos a seguir, no Capítulo 12; por enquanto, cabe lembrar que a pesquisa qualitativa é de cunho descritivo e interpretativo.

SUA TAREFA AO FINAL DESTE CAPÍTULO

- Retome o seu problema/questão de pesquisa e seus objetivos, já formulados ao final dos Capítulos 2 e 5.
- Com base no Capítulo 7, analise qual abordagem é mais adequada para sua pesquisa: um estudo de caso, uma pesquisa qualitativa com base em entrevistas ou uma pesquisa documental.
- Passe ao detalhamento de sua metodologia, tratando inicialmente do campo de pesquisa (se for este o caso). Assim, se você vai a campo coletar dados, deve definir onde, dando as *características* da instituição educativa e o contexto em que se situa, da turma ou grupo com que vai trabalhar, mas *sem identificação*, por motivos éticos (ver Capítulo 13). Se você ainda não fez os contatos prévios necessários para definir a instituição educativa, aponte os critérios que utilizará para escolhê-la.
- Defina quais os dados que serão coletados e, por conseguinte, que técnicas de coleta de dados serão utilizadas (Retome os Capítulos 8, 9 e 10, se necessário).
- Indique *os tipos de dados* (documentais, empíricos etc.) e os especifique o melhor possível (por exemplo: quais os documentos que serão analisados, o que pretende observar em sala de aula, que tipo de informação pretende colher com as entrevistas etc.)
- Planeje detalhadamente *os procedimentos da coleta*. Por exemplo: onde, com que frequência e por quanto tempo ocorrerão as observações; quantas e quais pessoas serão entrevistadas ou responderão a questionários e como serão selecionadas, de que modo esse instrumento de coleta será construído e testado, de que for-

ma serão aplicados os questionários ou desenvolvidas as entrevistas etc. E ainda, no caso de uma pesquisa documental, quais os critérios para a seleção do *corpus* a ser analisado.

= Se for trabalhar com mais de uma fonte de dados, como num estudo de caso, os dois subitens acima (tipos de dados e procedimentos da coleta) devem ser *entrecruzados*: apresente ordenadamente *tudo* que diz respeito a cada técnica de coleta de dados, iniciando pela sua principal fonte de dados. Lembre-se que a articulação de diversos tipos de dados permite um maior aprofundamento.

12
A ANÁLISE DOS DADOS:
algumas diretrizes básicas

Após ir a campo coletar seus dados, através de entrevistas ou questionários, observação, ou ainda fontes documentais, está na hora da análise. Dentro da proposta deste livro, voltado para o primeiro projeto de pesquisa, entendemos ser possível assumir o caráter descritivo e interpretativo da pesquisa qualitativa, estabelecendo algumas diretrizes básicas para a análise, sem precisar recorrer a técnicas específicas[1].

Um primeiro ponto a deixar claro é que a transcrição de suas entrevistas, as anotações realizadas durante suas observações *não são resultados*, mas apenas dados, "informações" que você recolheu para tentar responder ao seu problema/questão de pesquisa e realizar os objetivos definidos. Por outro lado, na pesquisa qualitativa em ciências humanas, consideramos que não existem resultados desvinculados da sua discussão; ou seja, os resultados da pesquisa são constituídos pela própria descrição e interpretação dos dados; em outros termos, os resultados são fruto da análise dos dados.

---

[1] Muitas vezes, tais técnicas de análise são declaradas, mas não utilizadas com consistência, o que compromete a coerência e o rigor da pesquisa. Neste sentido, Silva et al. (2013, p. 13), analisando 31 artigos que afirmam empregar a técnica de análise de conteúdo com base na clássica proposta de Bardin (1977), mostram que a grande maioria não esclarece a sua operacionalização, prejudicando "a credibilidade dos estudos realizados, e também a legitimidade da técnica".

A análise é um *processo*, na medida em que é o trabalho de se debruçar sobre os dados, e um *produto*, na forma de um texto (um capítulo específico em sua monografia, por exemplo). É um processo que exige tempo e dedicação, sendo necessário, portanto, prever um prazo apropriado que permita explorar profundamente os dados e, depois, redigir um texto bem cuidado com aquilo que de mais significativo foi encontrado. É importante ter em conta que o processo de análise é em geral mais amplo do que o texto final que dele resulta, até porque esse processo pode envolver diversas etapas para a sua realização, algumas das quais podem não merecer ser levadas a público. O processo de análise tem início nas etapas de tratamento de dados – por exemplo, nas transcrições das entrevistas (ver Capítulo 10) ou na organização das anotações de suas observações –, quando já é possível ir destacando elementos significativos ou fazendo alguns apontamentos analíticos e reflexivos.

Todo o processo de análise é direcionado pelo problema/questão de pesquisa – ao qual busca responder – e pelos objetivos – que procura realizar. Se você trabalha com hipótese – o que não é obrigatório nas ciências humanas, como vimos no Capítulo 6 –, a análise busca também verificar se ela é confirmada ou rejeitada, ou ainda se os resultados são inconclusivos. Então, o processo de análise compara e entrecruza os dados coletados, em busca do que eles mostram sobre o fenômeno examinado e do que eles significam.

- Como se caracteriza, em linhas gerais, o fenômeno estudado?
- Quais as regularidades e recorrências encontradas? O que elas significam?
- Por oposição, quais as diferenciações, as divergências? O que elas significam?

Na busca da significação das recorrências e diferenciações, é necessário relacioná-las com a teoria e com outros estudos já realizados a respeito do mesmo tema/problema, procurando detectar e compreender os pontos em que os dados de sua pesquisa reforçam esses estudos já realizados ou deles se diferenciam.

Esta capacidade de articular teoria e dados empíricos é uma das maiores riquezas do cientista. Ele tem um olhar preparado para analisar cada dado coletado em relação a um corpo de conhecimento acumulado por outros estudiosos. [...] Quanto mais bem-formado e informado for o pesquisador, maior a riqueza de suas análises (Goldenberg, 2000, p. 92-93).

Neste sentido, uma revisão bibliográfica ampla e criteriosa sustentará uma análise rica, enquanto a utilização de fontes bibliográficas restritas, desatualizadas ou inadequadas comprometerá sua análise, empobrecendo-a, por mais interessantes que sejam os dados coletados. Vemos, portanto, como os diversos elementos de um projeto de pesquisa – e da própria pesquisa em seu desenvolvimento – se articulam de modo interdependente. No entanto, o levantamento e estudo de fontes teóricas e bibliográficas podem (e devem) se estender por toda a pesquisa, procurando atender, inclusive, à necessidade de compreender a realidade empírica revelada pelos dados coletados. Ou seja, muitas vezes um referencial teórico previamente selecionado pode não se mostrar adequado ou produtivo para compreender as situações encontradas, exigindo a busca de novas fontes bibliográficas e/ou de outras bases teóricas para a compreensão e interpretação de certos dados.

Para apresentar uma caracterização geral da situação estudada, podem ser usados dados numéricos, o que não torna a sua pesquisa "quantitativa", uma vez que, por seu caráter qualitativo, ela não está regida pela preocupação de generalizar, e sim pela intenção de compreender. Neste caso, os números são meros recursos para traçar um panorama geral ou para indicar ocorrências observadas. Assim, por exemplo, em Penna e Melo (2005, p. 30), um quadro sintetiza as práticas em Artes Visuais desenvolvidas em turmas de pré-escolar II, de instituições de educação infantil públicas municipais da cidade de Campina Grande/PB[2]:

| DIVERSIDADE DAS PRÁTICAS EM ARTES VISUAIS ||||
MODALIDADE ARTÍSTICA	TIPO DE ATIVIDADE	OCORRÊNCIAS	TOTAL
DESENHO	Desenho livre	6	
	Desenho direcionado	24	
	Desenho livre espontâneo	17	
	Desenho copiado	13	60
PINTURA	Pintura livre	8	
	Pintura direcionada	6	
	Pintura livre espontânea	6	
	Pintura de desenho mimeografado	4	24
COLAGEM	Colagem livre	2	
	Colagem direcionada	6	
	Colagem sobre figura pronta	2	10
MODELAGEM	Modelagem livre	8	8

---

[2] Esta pesquisa desenvolveu-se através de um estudo multicaso (ou estudo de caso múltiplo), que investigou quatro turmas de pré-escolar II de quatro creches municipais distintas, tendo os dados sido coletados em 2004, através de observação e entrevista.

CONSTRUÇÃO TRIDIMEN-SIONAL	Lembrancinhas para datas comemorativas	6	6
VÍDEO	Exibição para diversão	4	4
		TOTAL	**112**

Este quadro sistematiza dados coletados através de observação da prática em sala de aula, e tem um caráter basicamente descritivo, dando uma visão geral das práticas pedagógicas observadas no período da coleta. Mas é possível também construir quadros com base em dados coletados através de entrevistas, como neste exemplo encontrado em Penna e Melo (2005, p. 37), relativo à mesma pesquisa sobre as artes visuais na educação infantil[3]:

FORMAÇÃO E EXPERIÊNCIA DOCENTE (2004)			
PROFES-SORA	FORMAÇÃO	TEMPO DE SERVIÇO (em E. I.)	TURNOS DE TRA-BALHO
• A	Curso Normal; aluna da Licenciatura em Pedagogia (Habilitação em E. I.)	8 anos	1
• B	Licenciatura em Pedagogia (Habilitação em E. I.)	18 anos	2
• C	Licenciatura em Pedagogia (Habilitação em E. I.)	14 anos	2
• D	Curso Normal e Licenciatura em Ciências (Habilitação em Biologia)	15 anos	1

---

[3] No quadro a seguir, E. I. significa Educação Infantil.

Faz-se necessário esclarecer que os quadros acima sintetizam os dados coletados, traçando um panorama geral, mas não obrigatoriamente as informações precisariam ser apresentadas desta forma. A mera construção de quadros não esgota a análise, pois cabe discutir e comentar cada um deles, estabelecendo-se relações com outros estudos a respeito ou com questões teóricas pertinentes.

Outra possibilidade para apresentar tanto regularidades e recorrências encontradas, quanto diferenciações ou divergências, é fazer uso de exemplos significativos, que sejam característicos da situação estudada. Assim, por exemplo, pode-se selecionar uma fala de uma entrevista, ou uma cena observada na prática escolar. É importante lembrar que estes exemplos, transcritos das entrevistas ou dos diários de campo que registram as observações, devem sempre ser discutidos, para que se configure realmente uma análise[4].

Neste sentido, transcrevemos, como ilustração, um longo trecho de Penna e Melo (2006), que discutiremos na sequência, relativo a uma pesquisa sobre a música na educação infantil[5]:

> As práticas pedagógicas envolvendo música, observadas nas duas turmas de educação infantil, podem ser assim agrupadas: música (a) acompanhando atividades cotidianas (lanche, oração, recreio); (b) em função do processo de alfabetização; (c) para acalmar e relaxar, através de audição ou canto; (d) na preparação de apresentações para os pais, relacionadas ao calendário de eventos comemora-

---

[4] Sem dúvida, uma abordagem mais descritiva também é válida, especialmente numa primeira pesquisa.
[5] Nesta pesquisa, os dados foram coletados através de observações e entrevistas com as professoras, no 2º semestre de 2004, junto a duas turmas de educação infantil, com crianças de 5 a 6 anos, em instituições municipais da cidade de Campina Grande, Paraíba.

tivos. A seguir, analisamos algumas cenas exemplares de cada categoria.

> • CENA 1
> Profa. *A começa a chamar cada criança pelo nome e elas vão formando uma fila para sair para o recreio. Em seguida, ela começa a conduzi-las e a cantar (com uma conhecida melodia):*
> "*Eu vou, eu vou,*
> *Pro parque agora eu vou...*
> *Trá, lá, lá, eu vou, eu vou...*"
> Na volta do recreio, as crianças fazem fila, cantando a música de roda *Teresinha de Jesus.*

Na turma *A*, essas canções eram repetidas todos os dias, como instrumento de formação de hábitos disciplinares, configurando uma prática de "adestramento", passível de críticas [...] Nas canções para anunciar atividades – como o lanche ou a hora de contar histórias –, cujo uso era frequente nas duas turmas pesquisadas, a música tem uma função instrumental, não sendo valorizada como parte dos conhecimentos e da cultura das crianças. O próprio RCNEI [Referencial Curricular Nacional para a Educação Infantil] (p. 47) reconhece este uso corrente da música como suporte, para atender "a vários objetivos, alguns dos quais alheios às questões próprias dessa linguagem" (Penna; Melo, 2006, p. 473-474).

O primeiro parágrafo da citação acima apresenta uma categorização: as diversas práticas registradas no diário de campo foram comparadas e caracterizadas conforme a sua função. Assim, em lugar de enfocar um levantamento disperso de atividades musicais, elas foram analisadas e classificadas pelas pesquisadoras, que então enumeram quatro tipos de práticas pedagógicas envolvendo música que foram observadas durante a coleta, passando a discuti-las, ilustrando cada tipo com uma cena exemplar. Em seguida, no trecho citado, a Cena 1 é discutida, estabelecendo-se relação com outros estudos sobre educação infantil que questionam as práticas de "adestramento"[6], assim como com uma fonte documental, o RCNEI, que constitui uma proposta curricular oficial para esse nível de ensino.

É importante ter em conta que os exemplos acima, relativos à apresentação de dados e sua análise, não são modelos fixos a serem seguidos, mas apenas alternativas possíveis. Sugerimos, ainda, a leitura de André (2010, p. 94-104), uma boa exemplificação de como apresentar a análise de dados de um estudo de caso, inclusive fazendo uso de dados de diversas fontes – observações de aulas, entrevistas com a professora, questionários com os seus alunos[7] –, cuja articulação mostra-se bastante produtiva para uma análise mais aprofundada do caso escolhido, como discutido no Capítulo 7.

Finalmente, cabe insistir que, como a pesquisa qualitativa não pretende generalizar, é preciso evitar a tentação de, ao analisar os dados de sua pesquisa, estabelecer discussões com caráter genérico, com a pretensão de uma validade geral. Por outro lado, cabe, em sua análise, relacionar seus dados com outros estudos sobre o tema, buscando detectar e compreender os pontos de sua pesquisa que os reforçam ou que deles se diferenciam. Deste modo, pode haver a coincidência com certos elementos encontrados também em outras pesquisas, o que permite levantar a possibilidade de sua recorrência, embora isso não permita generalizar – vale reforçar.

---

[6] Em Penna e Melo (2006, p. 474), onde há uma indicação de corte na citação acima, é apresentada uma citação de texto acadêmico sobre a educação infantil.
[7] A nosso ver, uma falha desse texto de André (2010, p. 94-104) é a ausência de indicação das diferentes fontes dos trechos citados ao longo da análise, fontes estas que deveriam ser explicitadas.

Uma questão importante, que será abordada no Capítulo 13 – *Ética na pesquisa em educação / educação musical: algumas reflexões* – a seguir, refere-se ao respeito aos participantes da pesquisa, o que envolve, inclusive, a questão de possíveis críticas aos limites das práticas estudadas e ao modo como essas críticas são feitas no texto de análise. Neste sentido, como aponta Ilari (2009, p. 181), o pesquisador precisa "estar sempre se questionando" quanto ao modo de proteger e não prejudicar seus participantes, "agindo de modo ético".

13
ÉTICA NA PESQUISA EM EDUCAÇÃO / EDUCAÇÃO MUSICAL:
algumas reflexões

As discussões sobre ética na pesquisa tiveram origem na área da saúde, com as pesquisas biomédicas, que potencialmente têm uma maior possibilidade de causar dano aos sujeitos envolvidos. Até chegar às discussões e normatizações atuais, em diversos momentos históricos pesquisas "causaram mal" aos participantes, prejudicando-os de modo flagrante:

> [...] foram cometidas verdadeiras atrocidades junto a outros seres humanos, como no caso dos experimentos realizados pelos japoneses na Unidade 731 durante a ocupação da Manchúria na década de 1930, dos estudos de doenças tropicais realizados nos EUA na década de 1940, e das diversas investigações pseudocientíficas realizadas pelos médicos nazistas durante a segunda guerra mundial, entre outros (Ilari, 2009, p. 169).

No Brasil, as pesquisas *envolvendo seres humanos* são normatizadas pela *Resolução nº 466, de 12 de dezembro de 2012* do Conselho Nacional de Saúde (Brasil, 2012)[1]. Mais recentemen-

---
[1] A Resolução 466 de 2012 revoga as precedentes, inclusive a Resolução CNS nº 196/1996, citada em textos anteriores, como Azevedo *et al.* (2005), Ilari (2009) e também em Queiroz (2013).

te, após diversas discussões acerca da especificidade da pesquisa nas áreas das ciências humanas e sociais, esse mesmo conselho aprovou, em 7 de abril de 2016, a Resolução 510, que trata especificamente das "normas aplicáveis a pesquisas" dessas áreas, "cujos procedimentos metodológicos envolvam a utilização de dados diretamente obtidos com os participantes ou de informações identificáveis ou que possam acarretar riscos maiores do que os existentes na vida cotidiana" (Brasil, 2016, p. 1). Desta forma, em princípio, pesquisas sobre processos educativos em qualquer área de conhecimento estão regidas diretamente pela Resolução 510/2016 e, nos pontos que não forem específicos, também pela Resolução 466/2012[2].

Ambas as resoluções sobre ética na pesquisa trazem diretrizes importantes a serem consideradas inclusive pelos pesquisadores iniciantes em educação/educação musical, que estão construindo o seu primeiro projeto com coleta de dados através de observação, ou de entrevistas e questionários. Sem pretender esgotar um tema tão complexo, nos limites deste trabalho trataremos das principais indicações da Resolução 510/2016 e também, na sequência, de algumas questões derivadas, com base em literatura da área e em nossa experiência como pesquisado-

---

[2] Como estabelecido no Art. 32 da Resolução 510/2016 (Brasil, 2016, p. 9).
A Resolução 466/2012 estabelece que a "Plataforma BRASIL [on-line] é o sistema oficial de lançamento de pesquisas para análise e monitoramento do Sistema CEP/CONEP", que é integrado pela Comissão Nacional de Ética em Pesquisa, vinculado ao Ministério da Saúde, e pelos Comitês de Ética em Pesquisa (Brasil, 2012, p. 8). Embora a Resolução 510/2016 reconheça o sistema CEP/CONEP como instância de registro e avaliação dos projetos, a submissão de pesquisas em ciências humanas e sociais ao sistema ainda não é uma exigência corrente em todas as instituições, até porque muitos comitês de ética não costumam ter uma "representação equânime de membros das Ciências Humanas e Sociais", como exigido pela mencionada resolução, em seu Art. 26 (Brasil, 2016, p. 8). No entanto, consideramos que esta é uma tendência que deverá aos poucos se consolidar, inclusive para projetos de TCC. Em princípio, apenas pesquisas bibliográficas, documentais ou quantitativas com tratamento estatístico ("pesquisas de opinião pública") não precisariam ser submetidas à Plataforma Brasil.

ra, professora e orientadora de pesquisa em vários níveis. Como norma, destacados pela referida resolução, dois pontos básicos devem conduzir toda e qualquer pesquisa: a participação voluntária e o princípio de não prejudicar os envolvidos.

Quanto ao primeiro ponto, por respeito à liberdade individual e à dignidade humana, a participação voluntária pressupõe que todos os participantes devem decidir espontaneamente pela participação ou não na pesquisa, após terem recebido todas as explicações devidas a respeito de seus objetivos e procedimentos. Nesse sentido, a Resolução 510/2016 define o consentimento livre e esclarecido como a:

> [...] anuência do participante da pesquisa ou de seu representante legal, livre de simulação, fraude, erro ou intimidação, após esclarecimento sobre a natureza da pesquisa, sua justificativa, seus objetivos, métodos, potenciais benefícios e [possíveis] riscos (Brasil, 2016, p. 2).

Para chegar à assinatura do Termo de Consentimento Livre e Esclarecido (TCLE)[3], "o pesquisador deve esclarecer o potencial participante, na medida de sua compreensão e respeitadas suas singularidades", sobre todos os aspectos da pesquisa, prestando informações em linguagem clara e acessível, permitindo que os mesmos reflitam e decidam se querem ou não tomar parte da mesma (Brasil, 2016, p. 5-6). Há diversos modelos de TCLE, que podem ou não ser precedidos de uma carta de apresentação expondo os objetivos da pesquisa, como será conduzida, como os resultados serão apresentados. No termo de

---
[3] Pela Resolução 510/2016, a depender das características dos participantes, o consentimento não precisa ser necessariamente escrito. Assim, o registro do mesmo pode ser gravado em áudio e/ou vídeo, devendo ser justificado esse modo de utilização. Em nossas pesquisas em educação musical, temos usado correntemente o TCLE escrito, com uma cópia para o participante e outra para o pesquisador.

consentimento, todas as técnicas de coleta de dados devem ser especificadas e o participante precisa autorizar todas elas – gravação em áudio das entrevistas, observações em aula, gravações em áudio de execuções musicais etc. (ver Capítulos 9 e 10). Como, no caso de um TCC, os responsáveis pela pesquisa são, conjuntamente, o professor orientador e o aluno da licenciatura, cabe discutir com seu orientador qual modelo de TCLE adotar, e este modelo deverá ser apresentado como apêndice em sua monografia.

> De qualquer modo, a instituição do consentimento informado geralmente requer que o pesquisador deixe claro para o participante que sua participação na pesquisa é voluntária, que os dados serão mantidos de forma confidencial e que o participante não sofrerá qualquer ônus caso desista de participar no decorrer da coleta de dados[4] (Ilari, 2009, p. 177).

No entanto, como argumenta Stake (2011, p. 225 – grifos nossos), a "conduta ética nas pesquisas interpessoais depende nem tanto dos formulários de termo de consentimento livre e esclarecido, *mas do cuidado deliberado e colaborativo dos pesquisadores*". Isto implica, portanto, a constante postura reflexiva e também o diálogo crítico com outros pesquisadores, professores e colegas, sempre procurando enfrentar as dificuldades de encaminhamento da pesquisa e dos compromissos éticos envolvidos, que nem sempre são simples ou de fácil solução.

O princípio de não prejudicar os envolvidos, de não lhes causar mal, envolve a questão do uso criterioso (e sigiloso) dos dados, da proteção dos participantes, e está relacionada ao ano-

---

[4] Tais princípios estão normatizados pela Resolução 510/2016 (Brasil, 2016).

nimato. Como norma geral, não costumamos identificar escolas ou espaços educativos, nem qualquer participante da pesquisa, como modo de protegê-los[5]. No entanto, é importante caracterizá-los, para permitir compreender a situação ou o caso estudado, o contexto da pesquisa etc. Mas é preciso ter cuidado também nessa caracterização, para que ela não exponha elementos singulares que permitam a identificação (cf. Ilari, 2009, p. 178).

Como indica Stake (2011, p. 225), numa pesquisa em ciências humanas ou sociais, os riscos não são físicos, mas mentais – o risco da exposição e do constrangimento, por exemplo. Mesmo garantindo-se o anonimato dos participantes, coloca-se nesse ponto a difícil questão da análise crítica das práticas desenvolvidas[6]: "Os dilemas éticos que envolvem a pesquisa educacional são complexos e diversos como a própria natureza da educação" (Azevedo *et al.*, 2005, p. 4). Como discute Queiroz (2013, p. 14), é delicada a questão da crítica e suas possíveis consequências. No entanto, a nosso ver, a investigação de práticas pedagógicas, incluindo a observação de aulas, por períodos por vezes longos, não tem finalidade se não puder levar à compreensão da realidade e a reflexões que ajudem a aprimorar as propostas educativas – e, neste sentido, a análise crítica é indispensável. No

---

[5] Ilari (2009, p. 177) argumenta que, em certas situações, como em estudos etnográficos de práticas musicais de comunidades específicas, "é praticamente impossível separá-las da identidade do grupo". Muitas vezes, inclusive, o grupo deseja que a documentação realizada pela pesquisa ajude a dar visibilidade à sua produção musical. Desta forma, em pesquisas sobre o modo como se dá o aprendizado musical nesses contextos populares, a questão do anonimato ou da identificação pode ser definida junto com o grupo. Neste sentido, a Resolução 510/2016 indica como direito do participante "decidir se sua identidade será divulgada" (Brasil, 2016, p. 5).

[6] É importante lembrar que a análise crítica não diz respeito apenas a levantar aspectos negativos. Silva (2012, p. 54-55), em sua pesquisa sobre o ensino coletivo de violão como atividade extracurricular em uma escola básica, ao analisar a prática pedagógica desenvolvida, revela que o professor, apesar de não conhecer os estudos a respeito do tema, incorporava intuitivamente, em sua atuação, os princípios básicos de ensino coletivo propostos na literatura de educação musical.

entanto, abordagens descritivas são igualmente válidas, e podem ser preferidas para uma primeira pesquisa, de modo que o pesquisador iniciante possa ir ganhando experiência na prática em campo, sem ter logo que enfrentar todos esses dilemas. Sem pretender esgotar a complexidade dessa importante questão, apresentamos alguns pontos que devem ser alvo de atenção e cuidado do pesquisador, inclusive do estudante que se inicia na prática científica. Antes de mais nada é preciso ter em conta, constantemente, que agir de modo ético é "agir do mesmo modo que alguém age com aqueles que respeita" (Grame; Walsh, 1988, p. 88 *apud* Ilari, 2009, p. 181). E a relação de respeito começa ao se explicitar, no momento do convite para participação da pesquisa e inclusive no TCLE, que os dados coletados – através de observação e/ou de entrevistas ou questionários, para os quais se pede autorização – serão posteriormente analisados, com base na produção científica da área de pedagogia e/ou de educação musical, buscando-se compreender criticamente os processos educativos estudados.

Como consequência, a análise crítica não pode ser pessoal, mas sim apoiada na literatura, até mesmo com um caráter comparativo. Qualquer crítica precisa ser, antes de mais nada, respeitosa. Neste sentido, o texto analítico deve procurar contextualizar as práticas desenvolvidas, explicitando as condições em que ocorrem e as dificuldades enfrentadas, valorizando os aspectos positivos encontrados. Cabe ainda evitar tanto os julgamentos de valor quanto o tom normativo, e neste sentido "o pesquisador deve ter uma postura metodologicamente humilde, uma vez que, como espectador externo, não tem o entendimento completo da situação"[7] (Azevedo et al., 2005, p. 4).

---

[7] Por vezes, estudantes de graduação, em seu entusiasmo juvenil, têm dificuldades em evitar um tom arrogante ao analisar práticas pedagógicas, comparando o que observaram em sua

Cabe considerar, ainda, a possibilidade de o pesquisador dar um retorno ao grupo estudado, aos participantes da pesquisa, devolvendo-lhes assim os resultados da mesma. Em certas abordagens, esse retorno é tido como praticamente obrigatório, para que a pesquisa não fique restrita aos meios acadêmicos e possa existir um momento que "concretize o compromisso social assumido pelo pesquisador" (Moroz; Gianfaldoni, 2006, p. 112). Como aponta Kramer (2002, p. 46), a devolução dos dados da pesquisa aos participantes é uma questão difícil, mas necessária. Neste sentido, a Resolução 510/2016 indica, em seu Art. 3º, dentre os "princípios éticos das pesquisas em Ciências Humanas e Sociais":

> [...] empenho na ampliação e consolidação da democracia por meio da socialização da produção de conhecimento resultante da pesquisa, inclusive *em formato acessível ao grupo ou população que foi pesquisada* [...] (Brasil, 2016, p. 4 – grifos nossos).

A proposta de partilhar os resultados da pesquisa com os participantes precisa, então, ser analisada e definida caso a caso, a partir da própria entrada em campo e dos acordos estabelecidos com os participantes. Esse retorno pode ser realizado de diferentes formas:

> A devolução pode se restringir a dar, aos entrevistados, cópias dos relatórios, artigos ou a apresentar, socializar resultados e se expor à crítica. Mas quando se pesquisam

---

pesquisa com a idealização que construíram a partir de textos teóricos. Ajuda a evitar essa postura pensar, sinceramente, no que eles mesmos seriam capazes de fazer trabalhando em situações equivalentes, já que, muitas vezes, sua experiência docente é bastante reduzida ou limitada.

instituições ou políticas, a devolução direta se torna mais delicada. E tensa (Kramer, 2002, p. 57).

Assim, especialmente quando a análise revelou limites nas práticas desenvolvidas, recomendamos que o retorno seja marcadamente propositivo, de modo a contribuir para uma possível superação das dificuldades encontradas. Por outro lado, cabe considerar, ainda, que as "publicações [dos resultados] favorecem retornos indiretos para outras equipes e professores que querem mudar" (Kramer, 2002, p. 57), na medida em que podem apontar problemas a enfrentar e alternativas para ultrapassá-los.

O aprendizado ético também faz parte da formação em pesquisa, sendo um desafio para todos os pesquisadores, especialmente das áreas de ciências humanas e sociais, com suas especificidades. Sem a tradição das discussões da área de saúde, estamos num período de consolidação de princípios e normas de encaminhamento ético para as pesquisas de nossas áreas. E isto nos exige esforço e constante questionamento:

> Com conhecimento de diversas metodologias de pesquisa, bom senso e diálogo, talvez seja possível nos educarmos melhor (e educarmos os nossos alunos) quanto aos cuidados éticos que devem nortear nossas práticas de pesquisa (Ilari, 2009, p. 182).

As questões éticas precisam, portanto, ser consideradas desde as primeiras experiências de pesquisa, a partir de uma constante e indispensável postura reflexiva.

14
PARA FINALIZAR

A produção acadêmica e científica brasileira tem sido muitas vezes questionada, como por Rogério Cezar de Cerqueira Leite – físico, professor emérito da Unicamp e membro do Conselho Nacional de Ciência e Tecnologia/CNPq – em contundente artigo na *Folha de São Paulo*: nossa produção é cara e fraca, diante de parâmetros internacionais (Leite, 2015). Para enfrentar essa dificuldade, acreditamos ser essencial investir na formação do pesquisador, desde a graduação. Neste sentido, é importante que mesmo a primeira experiência – como, para muitos, a pesquisa para o TCC – busque atender ao rigor científico e seja guiada por princípios éticos. Pois entendemos que esse importante momento na formação do pesquisador é fundamental não apenas para o desenvolvimento acadêmico do aluno, mas para o próprio fortalecimento científico das áreas de educação/educação musical, na medida em que este licenciando poderá vir a se dedicar à pesquisa, comprometendo-se com a produção da área.

Como assumido na introdução deste livro, ele é fruto de escolhas e opções que não pretendem contemplar todas as concepções de pesquisa ou propostas para a elaboração de projetos. Tem, portanto, um caráter operacional – buscando, no entanto, não ser superficial –, pois sua proposta é apoiar *a construção consciente de um projeto de pesquisa coerente*. Neste sentido, cabe retomar a epígrafe de Gabriel Cohn: a melhor maneira de aprender a fazer pesquisa é fazendo; mas, preferencialmente, *sabendo-se o que se faz.*

Sendo assim, valorizamos, em pesquisas de qualquer nível acadêmico, a consciência e a coerência, mais do que "grandes sacadas" frouxamente discutidas ou encaminhadas empiricamente, que muitas vezes não resistem a uma análise metodológica mais rigorosa. Para enfrentar o quadro denunciado por Leite (2015), consideramos indispensável valorizar o rigor – que, como aponta Brandão (2002, p. 29), exige tempo e esforço, dedicação. E esse é um critério essencial para toda e qualquer produção científica, juntamente com o seu caráter reflexivo. Desta forma, acreditamos que a discussão (de ideias) é fundamental para o desenvolvimento de qualquer área de conhecimento. Neste mesmo sentido, posiciona-se Del-Ben (2010, p. 31) sobre a produção científica na educação musical: é necessário, "para que o [seu] avanço prossiga, quantitativa e, principalmente, qualitativamente, um constante exercício de reflexividade, individual e coletivo".

Sintetizando essa discussão, podemos nos respaldar em Flick (2009, p. 173), que entende a qualidade da pesquisa qualitativa como resultante de um processo de decisão, que se inicia com a formulação do problema/questão de pesquisa e continua com a busca dos encaminhamentos metodológicos necessários para responder a essa questão:

> Essas decisões devem ser movidas pela orientação geral da pesquisa (qualitativa): de que os métodos e procedimentos devem ser adequados a o que e a quem é estudado, e devem ser úteis para responder à pergunta [questão] de pesquisa de *forma metodológica e eticamente sólida* (Flick, 2009, p. 173 – grifos nossos).

Tratando da pesquisa qualitativa em educação/educação musical, este livro configura *uma* abordagem das várias questões envolvidas – dentre outros enfoques possíveis. Sem a pretensão de esgotar o assunto ou de se apresentar como única ou definitiva, esperamos que nossa abordagem possa ser útil para o graduando que se inicia na prática científica, a quem se destina prioritariamente, mas talvez também possa trazer alguma contribuição para pesquisadores em outros níveis acadêmicos. Em qualquer caso, esperamos que possa favorecer tanto as discussões quanto as decisões sobre pesquisa.

> # APÊNDICE
> ## Sugestões para o professor

Como relatamos na *Introdução*, este livro resultou de nossa prática em sala de aula como professora de disciplinas de graduação voltadas para a construção do projeto de pesquisa para o Trabalho de Conclusão de Curso/TCC. Assim, tomando como público alvo o estudante que se inicia na pesquisa, incluímos em diversos momentos o quadro "sua tarefa ao final deste capítulo", para incentivar e apoiar a atividade de elaboração progressiva do primeiro projeto.

Agora com o livro publicado, quando temos sob nossa responsabilidade tais disciplinas, ele é nosso livro-texto, embora também utilizemos alguns de seus capítulos em disciplinas de pós-graduação. Com base nessa experiência, esta edição revisada e ampliada traz, neste apêndice, algumas sugestões para professores que utilizam o livro em situações educativas similares.

Essas sugestões são apresentadas numa sequência compatível com o desenvolvimento do estudo do livro, embora não cheguem a contemplar todos os capítulos. No entanto, cada professor precisa considerar as condições em que trabalha (tamanho da turma, carga horária da disciplina, conteúdos a serem abordados, dentre outros fatores) para avaliar se vale experimentar alguma dessas sugestões. De todo modo, cabe sempre uma reapropriação pessoal das mesmas, ajustando-as, adaptando-as ou recriando-as.

1. Atividade de discussão coletiva de problemas/questões de pesquisa

Após a discussão do Capítulo 2 – *O processo de formulação do problema de pesquisa: algumas orientações* – e como desdobramento do quadro da tarefa proposta, pode ser dedicado um tempo ao final de algumas aulas para, em conjunto, avaliar alguns problemas/questões de pesquisa elaborados pelos alunos com base nas indicações do capítulo. Para essa atividade, é necessário quadro (negro ou branco).

Num canto do quadro, escrever de modo sucinto as principais recomendações do texto para a formulação do problema: clareza, precisão, delimitação e viabilidade etc. Essas indicações não devem ser apagadas durante a atividade, pois servirão de referência para o processo de discussão. Listar, então, embora ainda sem qualquer crítica ou comentário, vários problemas de pesquisa elaborados pelos alunos em casa. Em seguida, com a participação da turma, analisá-los, verificando sua adequação e ajustando-os ou mesmo reformulando-os quando necessário.

Esta atividade pode ajudar a desenvolver a capacidade de avaliação crítica de propostas de questões de pesquisa e, por conseguinte, seu processo de elaboração, mesmo quando o problema discutido for apresentado por outro aluno sobre um tema distinto. Entretanto, considerando a importância de uma formulação adequada do problema/questão como base para todo o projeto, na medida do possível, deve-se procurar contemplar as propostas de todos os alunos.

2. Atividade de discussão coletiva dos objetivos

Após a discussão do Capítulo 5 – *Os objetivos de pesquisa: sua importância e sua formulação* – e como desdobramento do quadro da tarefa final, pode ser desenvolvida atividade similar à de discussão de problemas/questões de pesquisa. Desta forma, em um quadro, listar os objetivos (geral e específicos) formulados para determinado problema de pesquisa, para analisá-los com a participação da turma e, se necessário, ajustá-los ou reformulá-los.

Como a atividade envolve a discussão de vários objetivos e sua adequação ao problema/questão de pesquisa, certamente demandará mais tempo. Assim, conforme o tamanho da turma, pode não ser possível contemplar as propostas de todos os alunos. No entanto, a discussão coletiva dos objetivos elaborados por alguns alunos ajuda no desenvolvimento da capacidade de análise crítica e ao processo de elaboração. E também é possível uma alternativa de discussão em pequenos grupos, de 3 a 4 alunos, trocando ideias sobre os objetivos formulados. Ou ainda a combinação dessa atividade em pequenos grupos, em uma aula, e de discussão coletiva em outra[1].

3. O primeiro trabalho da disciplina e sua preparação

Numa disciplina que visa a elaboração do projeto de pesquisa para o TCC, o trabalho final da mesma é o próprio projeto, estruturado de acordo com a proposta apresentada no Capí-

---
[1] Essas atividades não precisam ocupar a aula toda, mas uma parte da mesma, após a discussão das ideias centrais de algum capítulo do livro, por exemplo.

tulo 3 – *O projeto de pesquisa*. Por sua vez, o primeiro trabalho escrito apresenta apenas alguns de seus elementos: introdução; justificativa; revisão bibliográfica e objetivos[2].

Para preparar esse trabalho, costumamos fazer uma apresentação em aula de alguns desses elementos, em forma de pôster (conforme orientações no quadro abaixo)[3]. Deste modo, tanto realizamos uma discussão coletiva, quanto, em certa medida, ajudamos na preparação do aluno para a apresentação de trabalhos em encontros acadêmicos e científicos, nos quais o pôster é uma alternativa corrente. No entanto, em nosso caso, o pôster é necessariamente artesanal, pois durante essa apresentação seu texto pode ser riscado, para reformulações e correções[4].

ORIENTAÇÃO PARA APRESENTAÇÃO EM AULA DOS ELEMENTOS DO 1º TRABALHO

Essa apresentação em aula, em forma de **pôster**, tem a finalidade de propiciar a discussão com o professor e com a turma, de modo a ajudar a formular os elementos do projeto e colaborar com a elaboração da versão escrita. Os pôsteres deverão ser afixados em sala (com fita crepe), permitindo que sejam "visitados", discutindo-se com seus autores.

---

[2] Tópicos 1 a 4 da proposta de estruturação do projeto, conforme Capítulo 3. Esse primeiro trabalho é usualmente apresentado na metade da disciplina semestral, constituindo sua primeira avaliação. No entanto, recomenda-se um planejamento em que a data de entrega não seja logo na sequência do estudo do Capítulo 5, para que sejam possíveis atividades de discussão coletiva dos objetivos e de apresentação em aula de elementos do projeto, na forma de pôster, como explicado na sequência.
[3] A revisão bibliográfica não é incluída na apresentação em aula. Sendo o elemento de maior peso do primeiro trabalho escrito e que necessita de maior investimento de tempo e esforço, o aluno deve ser estimulado a iniciar a sua elaboração a partir do estudo do Capítulo 4.
[4] Assim, como treino para apresentação em congressos, mesmo esta versão "caseira e artesanal" do pôster deve considerar aspectos de diagramação, tanto estéticos como para permitir a leitura pelo público.

= Tamanho do **pôster**: 96 cm (altura / vertical) x 66 cm (largura)[5]. Deve ser montado sobre uma folha de papel pardo, madeira, 40 kg (ou similar, nos tamanhos indicados), distribuindo-se sobre essa base folhas A4 com os textos impressos, em formato paisagem e com fonte de tamanho adequado para ser lida a alguma distância.

- Devem ser apresentados, de forma esquemática, os seguintes elementos do projeto de pesquisa:
a) **O problema/questão de pesquisa**, formulado como uma pergunta, seguindo os critérios apresentados no Capítulo 2.
b) **Objetivos**, apresentá-los em tópicos: um objetivo geral e alguns objetivos específicos. Lembrar que os objetivos devem expressar as ações a serem realizadas na pesquisa (ver Capítulo 5).
c) **Justificativa**, apresentada de forma esquemática – **em tópicos** (ver Capítulo 3).

Nesse momento do processo, todas as tentativas são válidas, contanto que a atividade seja realizada conforme as orientações dadas. Ou seja, este é um momento de tentar e errar, se for o caso, para ter indicações que possam ajudar na elaboração do trabalho escrito.

---

[5] Essas são as medidas padrão dessas folhas de papel. Em encontros e congressos, as dimensões (em geral maiores) são estipuladas pela comissão organizadora.

4. Atividades complementares para os Capítulos 7 a 11

Os Capítulos 7 a 10 tratam de questões relativas às definições metodológicas da pesquisa – abordagens, fontes de dados e técnicas de coleta – apresentando discussões para embasá-las. Assim, não trazem quadros finais de tarefas a desenvolver, pois preparam para o Capítulo 11, que retoma o processo de construção progressiva do projeto, tendo por tarefa final as decisões sobre o encaminhamento da pesquisa. O estudo de todos esses capítulos pode ser enriquecido com atividades complementares, como as sugeridas a seguir.

Ao final da aula sobre o Capítulo 7 – *Alternativas metodológicas na pesquisa qualitativa: o estudo de caso e outras abordagens* –, é possível uma discussão em pequenos grupos, de 3 a 4 alunos, trocando ideias sobre qual abordagem de pesquisa seria mais adequada para a realização de seus objetivos – o que implica retomá-los e à questão/problema de pesquisa. Desta forma, inicia-se a reflexão sobre os encaminhamentos metodológicos para a pesquisa.

Para complementar a reflexão sobre o Capítulo 8 – *Trabalhando com fontes documentais* –, pode ser interessante a leitura e discussão da reportagem da revista *Veja*, "Um nó no fio da memória" (Meier, 2010), como exemplificação dos cuidados a serem tomados ao se analisarem fontes documentais – especialmente quanto à sua autenticidade e confiabilidade. O professor pode, eventualmente, disponibilizar cópias (para cada 2 ou 3 alunos) para leitura compartilhada em aula, já que o texto é relativamente curto[6].

---

[6] O material pode ser utilizado em aula e depois recolhido, servindo assim para várias turmas.

Após o estudo do Capítulo 9 – *A observação na pesquisa qualitativa sobre temas educacionais* –, pode ser produtiva uma discussão em pequenos grupos (3 a 4 alunos) sobre a necessidade (ou não) de coleta de dados através de observação para a realização de algum de seus objetivos. Em caso positivo, pensar nas situações a serem observadas, de que maneira, e ainda quais seriam os principais focos de atenção. O professor pode passar nos grupos para trocar algumas ideias, ou ainda, se possível, após a discussão em grupos, compartilhar os principais pontos numa discussão coletiva, envolvendo toda a turma.

Com relação ao Capítulo 10 – *O uso de entrevistas e questionários na pesquisa qualitativa em educação* –, é útil chamar a atenção para práticas comuns em entrevistas de programas de televisão e de telejornais, especialmente quanto a aspectos como a indução de respostas (colocar palavras na boca do outro), não deixar o entrevistado falar, seguir rigidamente um roteiro de perguntas sem ajustá-lo à interação que se desenvolve (perguntando de novo, por exemplo, algo que já foi dito pelo entrevistado em outra resposta). Observar criticamente essas práticas correntes em meios de comunicação ajuda a identificar atitudes que devem ser evitadas na coleta de dados para pesquisas.

Por sua vez, a análise de alguns questionários pode ajudar a perceber as dificuldades envolvidas em sua elaboração, verificando-se aspectos como a clareza das perguntas, a adequação da ordem das mesmas, as alternativas em relação às possibilidades de respostas, dentre outros aspectos discutidos no capítulo. Para tanto, podem-se utilizar questionários de pesquisas de opinião junto a consumidores (que costumamos receber ao comprar um produto ou utilizar um serviço), ou ainda, de cunho mais acadêmico, roteiros de entrevista ou questionários utilizados para coleta de dados de uma pesquisa[7]. Podem ser propostas atividades em pequenos grupos, voltadas para a análise de vários desses materiais.

Ao final da aula sobre o Capítulo 11 – *A definição do encaminhamento da pesquisa: orientações operacionais* – pode ser proposta a discussão em duplas ou trios (sendo depois os principais pontos compartilhados com a turma, se possível) sobre quais as fontes de dados ou técnicas de coleta que são necessárias para a realização de seus objetivos. Desta forma, pode ser iniciada a definição do encaminhamento da pesquisa, de acordo com a tarefa proposta no quadro final do capítulo.

5. O trabalho final da disciplina e sua preparação

Como já indicado, o trabalho final (escrito) da disciplina é a apresentação do projeto de pesquisa para o TCC, estruturado de acordo com a proposta apresentada no Capítulo 3 – *O projeto de pesquisa*. Para ajudar na sua preparação, também recorremos à apresentação em aula em forma de pôster, nos moldes adotados para o primeiro trabalho.

Nessa apresentação em aula (conforme orientações no quadro abaixo), os elementos novos são a hipótese e a metodologia (sendo esta mais "trabalhosa"); entretanto, para que sua adequação possa ser analisada, é necessário tornar a apresentar o problema/questão de pesquisa e os objetivos. Esses elementos, se necessário, deverão ser revistos ou reformulados, levando em consideração tanto as indicações feitas durante a correção do

---

[7] Muitas vezes, roteiros de entrevista ou questionários são apresentados como apêndice em um projeto ou relatório de pesquisa (aí incluídas as dissertações e teses). Nesse caso, é necessário apresentar a questão de pesquisa e os objetivos, para que possa ser analisada a adequação do instrumento de coleta de dados.

primeiro trabalho, quanto os ajustes decorrentes do próprio desenvolvimento do projeto, em função de sua viabilidade ou de uma maior clareza no seu direcionamento.

ORIENTAÇÃO PARA APRESENTAÇÃO EM AULA DOS ELEMENTOS DO 2º TRABALHO

Essa apresentação em aula, em forma de **pôster**, tem a finalidade de propiciar a discussão com o professor e com a turma, de modo a ajudar a formular os elementos do projeto e colaborar com a elaboração da versão escrita. Os pôsteres deverão ser afixados em sala (com fita crepe), permitindo que sejam "visitados", discutindo-se com seus autores.

= Tamanho do **pôster**: 96 cm (altura / vertical) x 66 cm (largura). Deve ser montado sobre uma folha de papel pardo, madeira, 40 kg (ou similar, nos tamanhos indicados), distribuindo-se sobre essa base folhas A4 com os textos impressos, em formato paisagem e com fonte de tamanho adequado para ser lida a alguma distância.

• Devem ser apresentados, de forma esquemática, os seguintes elementos do projeto de pesquisa:
a) **O problema/questão de pesquisa (revisto, reformulado)**. Na forma de uma pergunta, seguindo os critérios apresentados no Capítulo 2.
b) **Objetivos (revistos, reformulados)**. Apresentá-los em tópicos: um objetivo geral e alguns objetivos específicos. Lembrar que os objetivos devem expressar as ações a serem realizadas na pesquisa.
c) **Hipótese(s)**. Na forma de afirmação, a hipótese é uma resposta provisória ao seu problema de pesqui-

> sa, indicando o que se espera encontrar (pode basear-se na literatura da área, em estudos exploratórios ou em sua experiência). Como nas ciências humanas não é obrigatório trabalhar com hipótese, *neste momento, defina sua posição a respeito*, fundamentando sua opção de **não** trabalhar com hipótese, se for o caso (ver Capítulo 6).
> d) **O encaminhamento da pesquisa / a metodologia.**
> = *De modo esquemático*, apresentar seus principais elementos, de acordo com o quadro final do Capítulo 11 (consultar para detalhamento):
> = Se você vai a campo coletar dados, deve definir onde, apresentando suas características. Se você ainda não fez os contatos prévios necessários para definir o campo de pesquisa, aponte os critérios que utilizará para escolhê-lo.
> = Quais os dados que serão coletados? Que técnicas de coleta de dados serão usadas?
> • Indique os tipos de dados (documentais, empíricos etc.) e os especifique o melhor possível.
> • Planeje detalhadamente o encaminhamento da coleta.
> *Os dois subitens acima devem ser* **entrecruzados**: apresente ordenadamente **tudo** que diz respeito a cada técnica de coleta de dados, iniciando pela sua principal fonte de dados.
> = Como vai analisar ou discutir os seus dados?

Nessa atividade, se realizada de acordo com as orientações, todas as tentativas são válidas. É um momento de preparação para a elaboração do trabalho final escrito, em que vale aprender por ensaio e erro, aproveitando a discussão para tirar dúvidas e receber indicações e sugestões.

6. Atividade complementar para o Capítulo 12[8]

Para aprofundar e exemplificar a discussão do Capítulo 12 – *A análise dos dados: algumas diretrizes básicas* –, recomendamos a leitura e discussão de algum texto que apresente uma análise qualitativa de dados, preferencialmente de um estudo de caso. Neste sentido, no referido capítulo, sugerimos a leitura de André (2010, p. 94-104); no entanto, podem ser escolhidos outros textos que atendam à proposta, a critério do professor. Se for possível disponibilizar cópias do texto (para serem lidas por 2 ou 3 alunos), pode-se promover uma leitura compartilhada em aula.

7. Para a reflexão sobre o trabalho desenvolvido na disciplina

Sempre colocamos para nossas turmas que a construção do projeto de pesquisa para o TCC é um desafio que exige empenho e dedicação. No entanto, o esforço de aprendizagem e de crescimento envolvido tem como contrapartida a possibilidade de satisfação e realização pessoal, se a tarefa da disciplina não for encarada apenas como uma exigência curricular, mas como uma atividade que pode (e deveria) ser significativa para a for-

---

[8] Em nossas turmas – devido à carga horária da disciplina, às exigências de datas de entrega de trabalho e de reposição, além do prazo necessário para dar retorno da avaliação –, usualmente a discussão do Capítulo 12 ocorre na aula de entrega do trabalho final. A organização das atividades da disciplina deve ser decidida por cada professor, em um cronograma compatível com suas condições de trabalho.

mação pessoal e profissional. É nesta direção que procuramos incentivar nossos alunos, de modo que acreditamos ser importante uma atividade de reflexão ao final do processo, para ajudar tanto a avaliar (de modo amplo) o trabalho coletivamente desenvolvido, quanto a dimensionar o esforço empreendido e as conquistas realizadas.

Deixamos aqui duas sugestões que podem estimular esse momento de reflexão e de finalização do processo. A primeira é o texto de Kanitz (2005), "Uma definição de felicidade", publicado na revista *Veja*, em que o autor a apresenta como resultante de uma relação entre nossas ambições e nossas competências, argumentando que a felicidade "é um processo, e não um lugar em que finalmente se faz nada". Neste sentido, o autor indica que é preciso sermos realistas em nossos projetos e nos dedicarmos ao desenvolvimento de nossas competências, para que possamos experimentar a felicidade.

Outra possibilidade é a proposta apresentada por Aquino (2015, p. 86) para promover uma discussão sobre o tema *projeto de vida*. Com base numa pequena história de Eduardo Galeano[9], a respeito do trabalho de um escultor que entalha um bloco de granito até revelar uma forma (que antes parecia oculta), Aquino propõe alguns questionamentos, aos quais acrescentamos ainda:

• Qual a relação que esta história tem com nosso trabalho na disciplina?

Com essas alternativas, buscamos incentivar uma reflexão sobre nossos diferentes projetos (de vida, de pesquisa) e nossa responsabilidade e empenho com cada um deles. Consideramos ser esta uma maneira produtiva de concluir o trabalho da

---

[9] Extraída de: E. Galeano. *Dias e noches de amor y de guerra*. Montevideo: El Chanchito, 1988. p. 206 (Apud Aquino, 2015, p. 86).

disciplina. E cada professor pode explorar, ainda, outras possibilidades para estimular tanto a discussão na turma quanto sua própria reflexão.

REFERÊNCIAS

ALBINO, César; LIMA, Sônia Regina Albano de. A aplicabilidade da pesquisa-ação na educação musical. *Música Hodie*, Goiânia, v. 9, n. 2, p. 65-89, 2009.

AMUI, Gustavo Araújo. *Educação musical na educação básica:* análise de artigos publicados em periódicos. 2013. 152 f. Dissertação (Mestrado em Música, Educação e Saúde) – Programa de Pós-Graduação em Música, Escola de Música e Artes Cênicas, Universidade Federal de Goiás. Goiânia, 2013. Disponível em: <http://mestrado.emac.ufg.br/up/270/o/GUSTAVO_ARA%C3%9AJO_AMUI.pdf>. Acesso em: 10 ago. 2014.

ANDRÉ, Marli Eliza D. A. de. *Estudo de caso em pesquisa e avaliação educacional.* Brasília: Liber Livro, 2005.

_____. *Etnografia da prática escolar.* 17. ed. Campinas: Papirus, 2010.

AQUINO, Thiago A. Avellar de. *Sentido de vida e valores no contexto da educação:* uma proposta de intervenção à luz do pensamento de Viktor Frankl. São Paulo: Paulinas, 2015.

ARAÚJO, Maria Celina D'. *O Estado Novo.* Rio de Janeiro: Jorge Zahar, 2000.

ARROYO, Margarete. Um olhar antropológico sobre práticas de ensino e aprendizagem musical. *Revista da ABEM*, Porto Alegre, n. 5, p.13-20, 2000.

_____. Juventudes, músicas e escolas: análises de pesquisas e indicações para a área de educação musical. *Revista da ABEM*, Porto Alegre, n. 21, p. 53-66, mar. 2009.

_____. *Jovens e música*: um guia bibliográfico. São Paulo: Ed. Unesp, 2013. e-book.

AZEVEDO, Maria Cristina de Carvalho Cascelli de; SANTOS, Regina Antunes Teixeira dos; BEINEKE, Viviane, HENTSCHKE, Liane. Ética na pesquisa: considerações para a pesquisa em educação musical. In: ENCONTRO ANUAL DA ASSOCIAÇÃO BRASILEIRA DE EDUCAÇÃO MUSICAL, 2005. 14., Belo Horizonte. *Anais...* Belo Horizonte: ABEM, 2005. CD rom.

BACHRACH, Arthur J. *Introdução à pesquisa psicológica.* 4. reimpressão. São Paulo: EPU, 1975.

BARBIER, René. *A pesquisa-ação.* Brasília: Liber Livro, 2007.

BASTOS, Patricio de Lavenère. *Trajetória de formação de bateristas no Distrito Federal:* um estudo de entrevistas. 2013. 149 f. Dissertação (Mestrado em Educação Musical) – Programa de Pós-Graduação Música em Contexto. Universidade de Brasília, Brasília, 2010. Disponível em: <http://repositorio.unb.br/handle/10482/8091>. Acesso em: 10 ago. 2014.

BAUER, Martin W.; GASKELL, George (Org.). *Pesquisa qualitativa com texto, imagem e som*: um manual prático. 3. ed. Petrópolis: Vozes, 2004.

BEAUD, Stéphane; WEBER, Florence. *Guia para a pesquisa de campo*: produzir e analisar dados etnográficos. Petrópolis: Vozes, 2007.

BELL, Judith. *Projeto de pesquisa*: guia para pesquisadores iniciantes em educação, saúde e ciências sociais. 4. ed. Porto Alegre: Artmed, 2008.

BOGDAN, Robert; BIKLEN, Sari. *Investigação qualitativa em educação*: uma introdução à teoria e aos métodos. Porto, Portugal: Porto, 1994.

BOOTH, Wayne C.; COLOMB, Gregory G.; WILLIAMS, Joseph M. *A arte da pesquisa*. 2. ed. São Paulo: Martins Fontes, 2005.

BRANDÃO, Zaia. *Pesquisa em educação*: conversas com pós-graduandos. São Paulo: Loyola, 2002.

BRASIL. Conselho Nacional de Saúde. *Resolução nº 466, de 12 de dezembro de 2012*. Aprova diretrizes e normas regulamentadoras de pesquisas envolvendo seres humanos. Disponível em: <http://conselho.saude.gov.br/resolucoes/2012/Reso466.pdf>. Acesso em: 10 dez. 2014.

_____. Conselho Nacional de Saúde. *Resolução nº 510, de 07 de abril de 2016*. Dispõe sobre as normas aplicáveis a pesquisas em Ciências Humanas e Sociais. Disponível em: <http://conselho.saude.gov.br/resolucoes/2016/Reso510.pdf>. Acesso em: 10 set. 2016.

_____. Ministério da Educação e Cultura. Departamento de Ensino Fundamental. *Do ensino de 1º grau*: legislação e pareceres. Brasília, 1979. Incluindo Lei 5.692/71.

_____. Ministério da Educação. Secretaria de Educação Básica. *Diretrizes curriculares nacionais da educação básica*. Brasília: MEC, 2013. Disponível em: <http://goo.gl/vG24oV>. Acesso em: 10 dez. 2014.

COUTINHO, Raquel Avellar. *Formação superior e mercado de trabalho*: considerações a partir das perspectivas de egressos do bacharelado em música da UFPB. 2014. 104 f. Dissertação (Mestrado em Música) – Programa de Pós-Graduação Música. Universidade Federal da Paraíba, João Pessoa, 2014.

CRESWELL, John W. *Projeto de pesquisa*: métodos qualitativo, quantitativo e misto. 2. ed. Porto Alegre: Artmed, 2007.

DAMASCENO, Maria Nobre; BESERRA, Bernadete. Estudos sobre educação rural no Brasil: estado da arte e perspectivas. *Educação e Pesquisa*, v. 30, n. 1, jan. 2004. Disponível em: <www.bibvirt.futuro.usp.br/textos/hemeroteca/edp/principal.html#v30n01>. Acesso em: 12 mar. 2006.

DEL-BEN, Luciana. (Para) Pensar a pesquisa em educação musical. *Revista da ABEM*, Porto Alegre, v. 24, p. 25-33, set. 2010.

FIGUEIREDO, Sérgio Luis Ferreira de. Considerações sobre a pesquisa em educação musical. In: FREIRE, Vanda Bellard (Org.). *Horizontes da pesquisa em música*. Rio de Janeiro: 7Letras, 2010. p. 155-175.

FLICK, Uwe. *Uma introdução à pesquisa qualitativa*. 2. ed. Porto Alegre: Bookman, 2004.

_____. *Qualidade na pesquisa qualitativa*. Porto Alegre: Artmed, 2009.

FRANCO, Maria Laura P. B. *Análise de conteúdo*. 3. ed. Brasília: Liber Livro, 2008.

FREITAG, Bárbara. *Sociedade e consciência*: um estudo piagetiano na favela e na escola. 3. ed. São Paulo: Cortez, 1993.

FREITAS, Henrique; OLIVEIRA, Mírian; SACCOL, Amarolinda Zanela; MOSCAROLA, Jean. O método de pesquisa survey. *Revista de Administração da Universidade de São Paulo*, v. 35, n. 3, p. 105-112, jul./set. 2000. Disponível em: <http://www.rausp.usp.br/download.asp?file=3503105.pdf>. Acesso em: 10 jan. 2013.

FREIRE, Vanda Bellard. Pesquisa em música e interdisciplinaridade. *Música Hodie*, v. 10, n. 1, p. 81-92, 2010.

FREIRE, Vanda Bellard; CAVAZOTTI, André. *Música e pesquisa*: novas abordagens. Belo Horizonte: Escola de Música da UFMG, 2007.

GIBBS, Graham. *Análise de dados qualitativos*. Porto Alegre: Artmed, 2009.

GIL, Antônio Carlos. *Métodos e técnicas de pesquisa social*. 5. ed. São Paulo: Atlas, 1999.

GOLDENBERG, Mirian. *A arte de pesquisar*: como fazer pesquisa qualitativa em ciências sociais. 4. ed. Rio de Janeiro: Record, 2000.

ILARI, Beatriz. Música, identidade e relações humanas em um país mestiço: implicações para a educação musical na América Latina. *Revista da ABEM*, Porto Alegre, n. 18, p. 35-44, out. 2007.

_____. Por uma conduta ética na pesquisa musical envolvendo seres humanos. In: BUDASZ, Rogério (org.). *Pesquisa em música no Brasil*: métodos, domínios, perspectivas. Goiânia: ANPPOM, 2009. p. 167-185. Disponível em: <http://www.anppom.com.br/editora/Pesquisa_em_Musica-01.pdf>. Acesso em: 10 mar. 2011.

JAPIASSU, Hilton; MARCONDES, Danilo. *Dicionário básico de filosofia*. 2.ed. rev. Rio de Janeiro: Zahar, 1993.

KANITZ, Stephen. Uma definição de felicidade. *Veja*, São Paulo, ed.1910, ano 38, n. 25, p. 24, 22 jun. 2005. Disponível em: <https://acervo.veja.abril.com.br/index.html#/edition/32579?page=24&section=1>. Acesso em: 5 out. 2016.

KRAMER, Sonia. Autoria e autorização: questões éticas na pesquisa com crianças. *Cadernos de Pesquisa*, n. 116, p. 41-59, jul. 2002. Disponível em: <http://www.scielo.br/pdf/cp/n116/14398.pdf>. Acesso em: 25 set. 2016.

LAKATOS, Eva Maria; MARCONI, Marina de Andrade. *Fundamentos da metodologia científica*. São Paulo: Atlas, 1988.

LAROCCA, Priscila; ROSSO, Ademir José; SOUZA, Audrey Pietrobelli de. A formulação dos objetivos de pesquisa na pós-graduação em educação: uma discussão necessária. *Revista Brasileira de Pós-Graduação*, v. 2, n. 3, p. 118-133, mar. 2005. Disponível em: <http://www2.capes.gov.br/rbpg/images/stories/downloads/RBPG/vol.2_3_mar2005_/118_133_formulacao_objetivos_pesquisa_posgraduacao_educacao.pdf>. Acesso em: 26 ago. 2010.

LAVILLE, Christian; DIONNE, Jean. *A construção do saber*: manual de metodologia da pesquisa em ciências humanas. Porto Alegre: Artmed, 1999.

LEITE, Rogério Cezar de Cerqueira. Produção científica e lixo acadêmico no Brasil. *Folha de São Paulo*, 6 jan. 2015. Disponível em: <http://www1.folha.uol.com.br/fsp/opiniao/202892-producao-cientifica-e-lixo-academico-no-brasil.shtml>. Acesso em: 8 jan. 2015.

LIMA, Eliane Brito de. *Pluralidade cultural*: limites e possibilidades na prática pedagógica. 2007. 165 f. Dissertação (Mestrado Interdisciplinar em Ciências da Sociedade) – Pró-Reitoria de Pós-Graduação e Pesquisa. Universidade Estadual Paraíba, Campina Grande, 2007. Disponível em: <http://bdtd.uepb.edu.br/tde_arquivos/2/TDE-2009-05-13T102154Z-9/Publico/1_ElianeBritoDeLima_Intro_AnexoD.pdf>. Acesso em: 10 maio 2014.

LUDKE, Menga (Coord.). *O que conta como pesquisa?* São Paulo: Cortez, 2009.

MACHADO, Celuta Moreira César. Linguagem científica e ciência. *Cadernos de Difusão de Tecnologia*. Brasília, Embrapa, v. 4, n. 3, p. 333-341, set./dez. 1987. Disponível em: <http://webnotes.sct.embrapa.br/pdf/cct/v04/cc04n3_03.pdf>. Acesso em: 2 abr. 2010.

MACHADO, Daniela Dotto. As propostas de ensino musical desenvolvidas no ensino fundamental e médio: resultados de um survey de pequeno porte realizado na cidade de Santa Maria – RS. *Revista NUPEART*, Florianópolis, v. 3, n. 3, p. 83-92, 2005.

MARCUSCHI, Luiz Antônio. *Análise da conversação*. São Paulo: Ática, 1986.

_____. *Da fala para a escrita*: atividades de retextualização. 2. ed. São Paulo: Cortez, 2001.

MEDEIROS, João Bosco. *Redação científica*: a prática de fichamentos, resumos, resenhas. 2. ed. São Paulo: Atlas, 1996.

MEIER, Bruno. Um nó no fio da memória. *Veja*, São Paulo, ed. 2142, ano 43, n. 17, p. 156-157, 28 abr. 2010. Disponível em: <https://acervo.veja.abril.com.br/#/edition/32313?page=156&section=1>. Acesso em: 5 out. 2016.

MELO, Bruno Torres Araújo de; PENNA, Maura. Os efeitos de estudos formais na prática de bateristas populares: uma pesquisa-ação com o recurso da gravação. In: CONGRESSO NACIONAL DA ABEM, 21., 2013, Pirenópolis. *Anais*.... João Pessoa: Ed. da UFPB, 2013. Disponível em: <http://abemeducacaomusical.com.br/sistemas/anais/congressos/ABEM_2013_p.pdf>. Acesso em: 20 nov. 2014.

MELO, Rosemary Alves de. *Numa folha qualquer eu desenho um sol amarelo...*: as artes visuais em instituições de educação infantil em Campina Grande – PB. 2005. 155 f. Dissertação (Mestrado em Ciências da Sociedade) – Pró-Reitoria de Pós-Graduação e Pesquisa. Universidade Estadual da Paraíba – UEPB. Campina Grande: 2005. Disponível em: <http://bdtd.uepb.edu.br/tde_busca/arquivo.php?codArquivo=53>. Acesso em: 10 dez. 2014.

MIRANDA, Marília Gouvea de. O professor pesquisador e sua pretensão de resolver a relação entre teoria e prática na formação de professores. In: ANDRÉ, Marli (Org.). *O papel da pesquisa na formação e na prática dos professores*. 3. ed. Campinas: Papirus, 2004. p. 129-143.

MORATO, Cíntia Thais; GONÇALVES, Lilia Neves. Observar a prática pedagógico-musical é mais do que ver! In: MATEIRO, Teresa; SOUZA, Jusamara (Orgs.). *Práticas de ensinar música*. 2. reimpr. Porto Alegre: Sulina, 2009. p. 111-124.

MORIN, Edgar. *A cabeça bem feita*: repensar a reforma, reformar o pensamento. 7. ed. Rio de Janeiro: Bertrand Brasil, 2002.

MOROZ, Melania; GIANFALDONI, Mônica Helena Tieppo Alves. *O processo de pesquisa*: iniciação. 2. ed. ampl. Brasília: Liber Livro, 2006.

MOSNA, Rosa Maria. *Avaliação da política pública "Programa Mais Educação" em escolas de ensino fundamental da rede estadual de ensino do Rio Grande do Sul*: impactos na qualidade da educação e no financiamento do ensino fundamental. 2014. 249 f. Tese (Doutorado em Educação) Programa de Pós-Graduação em Educação – Universidade Federal do Rio Grande do Sul. Porto Alegre, 2014. Disponível em: <http://goo.gl/VNANEz>. Acesso em: 2 jun. 2014.

NASA. O sistema solar encolheu. *Astronomia na web*: notícias da NASA [2006] Disponível em: <http://www.astronomia.web.st/index.php?aid=48>. Acesso em: 7 fev. 2010.

NUNES, José Antônio. *A orquestra de violões da Paraíba*: espaço coletivo de formação musical. 2013. 59 f. Monografia (Trabalho de Conclusão de Curso) –

Licenciatura em Música, Universidade Federal da Paraíba, João Pessoa, 2013. Disponível em: <http://www.ebah.com.br/content/ABAAAgxQAAD/a-orquestra-violoes-paraiba-espaco-coletivo-formacao-musical>. Acesso em: 9 maio 2015.

OLIVEIRA, Fernanda de Assis. Materiais didáticos nas aulas de música do ensino fundamental: um mapeamento das concepções dos professores de música da rede municipal de ensino de Porto Alegre. *Revista da ABEM*, Porto Alegre, n. 17, p. 77-85, set. 2007.

OSAKABE, Haquira. *Argumentação e discurso político*. 3. ed. São Paulo: Martins Fontes, 2002.

PENNA, Maura. Relatos de migrantes: questionando as noções de perda de identidade e desenraizamento. In: SIGNORINI, Inês (org.) *Língua(gem) e identidade*: elementos para uma discussão no campo aplicado. 2. reimpressão. Campinas: Mercado de Letras, 2002a. p. 89-112.

_____. O canto orfeônico e os termos legais de sua implantação: em busca de uma análise contextualizada. In: CONGRESSO DA ANPPOM, 22., 2012, João Pessoa. *Anais...* João Pessoa: UFPB, 2012. CD-ROM. p. 1439-1446. Disponível em: <http://antigo.anppom.com.br/anais/anaiscongresso_anppom_2012/Anais_ANPPOM_2012.pdf>.

_____. A lei 11.769/2008 e a música na educação básica: quadro histórico, perspectivas e desafios. *InterMeio:* revista do Programa de Pós-Graduação em Educação, Campo Grande, v. 19, n. 37, p. 53-75, jan./jun. 2013. Disponível em: <http://www.intermeio.ufms.br/ojs/index.php/intermeio/article/viewFile/297/277>. Acesso em: 10 out. 2014.

_____. *Música(s) e seu ensino*. 2. ed. rev. ampl. 3. reimpr. Porto Alegre: Sulina, 2015.

_____. (Coord.) *É este o ensino de arte que queremos?* uma análise das propostas dos parâmetros curriculares nacionais. João Pessoa: Ed. Universitária/UFPB, 2001.

_____. (Coord.) *A arte no ensino fundamental:* mapeamento da realidade nas escolas públicas da Grande João Pessoa. João Pessoa: D'ARTES/UFPB, 2002b. Relatório de pesquisa.

_____. (Coord.) *A arte no ensino médio nas escolas públicas da Grande João Pessoa*. João Pessoa: D'ARTES/UFPB, 2002c. Relatório de pesquisa.

PENNA, Maura; MELO, Rosemary Alves de. Pintando o sete? artes visuais na educação infantil. In: MARINHO, Vanildo Mousinho; QUEIROZ, Luis Ricardo Silva. *Contexturas:* o ensino das artes em diferentes espaços. João Pessoa: Ed. da UFPB, 2005. p. 13-48.

_____. Música na educação infantil: cenas cotidianas em instituições municipais de Campina Grande – PB. In: ENCONTRO ANUAL DA ASSOCIA-

ÇÃO BRASILEIRA DE EDUCAÇÃO MUSICAL, 15., 2006, João Pessoa. *Anais...* João Pessoa: Ed. Universitária / UFPB, 2006. CD-ROM. Disponível em: <http://www.abemeducacaomusical.com.br/sistemas/anais/congressos/ABEM _2006.pdf>.

PIMENTA, Selma Garrido; GHEDIN, Evandro (Orgs.). *Professor reflexivo no Brasil*: gênese e crítica de um conceito. 5. ed. São Paulo: Cortez, 2008.

POZZEBON, Paulo Moacir Godoy. As ciências humanas. In: _____. (Org.). *Mínima metodológica*. Campinas: Alínea, 2004a. p. 19-34.

_____. Editoração dos trabalhos científicos: guia didático. In: _____. (Org.). *Mínima metodológica*. Campinas: Alínea, 2004b. p. 77-138.

PLUTÃO fora do sistema solar. *Jornal Nacional*, 24 ago. 2006. Disponível em: <http://jornalnacional.globo.com/Jornalismo/JN/0, AA1254195-3586-528038, 00.html>. Acesso em: 7 fev. 2010.

PRASS, Luciana. *Saberes musicais em uma bateria de escola de samba*: uma etnografia entre os "Bambas da Orgia". Porto Alegre: Editora da UFRGS, 2004.

QUEIROZ, Luis Ricardo Silva. Ética na pesquisa em música: definições e implicações na contemporaneidade. *Per musi,* Belo Horizonte, n. 27, jun., 2013. Disponível em: <http://www.scielo.br/scielo.php?script=sci_arttext&pid=S1517- -75992013000100002&lng=en&nrm=iso>. Acesso em: 10 nov. 2014.

RAMPAZZO, Lino. *Metodologia científica:* para alunos dos cursos de graduação e pós-graduação. São Paulo: Loyola, 2002.

RAPOSO, Denise Maria dos Santos Paulinelli (Org.). *Metodologia da pesquisa e da produção científica*. Brasília: W. Educacional, 2011. Disponível em: <http:// lms.ead1.com.br/webfolio/Mod3936/mod_metodologia_v1.pdf>. Acesso em: 10 nov. 2014.

REGO, Teresa Cristina R. A indisciplina e o processo educativo: uma análise na perspectiva vygotskiana. In: AQUINO, J. G. *Indisciplina na escola*. São Paulo: Summus, 1996. p. 83-101.

RIBEIRO, Sônia Tereza da Silva. Investigação-ação e formação continuada com professoras não-habilitadas em música: compromisso social com a escola e seus sujeitos. In: ENCONTRO ANUAL DA ABEM, 17., 2008, São Paulo. *Anais....* São Paulo: UNESP, 2008. CD-ROM.

RIBETTO, Anelice; MAURÍCIO, Lúcia Velloso. Duas décadas de educação em tempo integral: dissertações, teses, artigos e capítulos de livros. *Em aberto*, v. 22, n. 80. p. 137-160, abr. 2009.

ROCHA, Gilmar. "O mito é bom para pensar": diálogos entre antropologia e história. *Cadernos de História*, Belo Horizonte, v. 3, n. 4, p. 47-59, out. 1998.

ROSA, Maria Virgínia de Figueiredo P. do Couto; ARNOLDI, Marlene A. G. C. *A entrevista na pesquisa qualitativa:* mecanismos para validação dos resultados. Belo Horizonte: Autêntica, 2006.

SÁ-SILVA, Jackson Ronie; ALMEIDA, Cristóvão Domingos de; GUINDANI, Joel Felipe. Pesquisa documental: pistas teóricas e metodológicas. *Revista Brasileira de História & Ciências Sociais*, São Leopoldo/RS, ano 1, n. 1, jul. 2009. Disponível em: <http://www.rbhcs.com/index_arquivos/Artgo.Pesquisa%20documental.pdf>. Acesso em: 10 jul. 2012.

SCHROEDER, Silvia Cordeiro Nassif; SCHROEDER, Jorge Luiz. Música e ciências humanas. *Pro-posições*, Campinas, v. 15, n. 1 (43), p.209-216, jan./abr. 2004.

SECRETARIA DO TURISMO DO GOVERNO DO ESTADO DO CEARÁ. Assessoria de Comunicação. *Seguro sol é lançado no salão do turismo.* [2009]. Disponível em: <http://www.setur.ce.gov.br/noticias/seguro-sol-e-lancado-no-salao-do-turismo>. Acesso em: 7 fev. 2010.

_____. Assessoria de Imprensa. *"Garantia de sol Ceará" é lançado no 6º salão do turismo.* 2011. Disponível em: <http://www.ceara.gov.br/sala-de-imprensa/noticias/3798-garantia-de-sol-cearaq-e-lancado-no-6o-salao-do-turismo->. Acesso em: 28 out. 2014.

SETTI, Paulo André Anselmo. Ciência é o mesmo que verdade? In: POZZEBON, Paulo Moacir Godoy (Org.). *Mínima metodológica*. Campinas: Alínea, 2004. p. 13-18.

SEVERINO, Antônio Joaquim. *Metodologia do trabalho científico.* 20 ed. São Paulo: Cortez, 1998.

SILVA, Andressa Hennig *et alli.* Análise de conteúdo: fazemos o que dizemos? um levantamento de estudos que dizem adotar a técnica. ENCONTRO DE ENSINO E PESQUISA EM ADMINISTRAÇÃO E CONTABILIDADE, 4., 2013, Brasília. Disponível em: <http://www.anpad.org.br/evento.php?acao=trabalho&cod_edicao_subsecao=989&cod_evento_edicao=70&cod_edicao_trabalho=16633>. Acesso em: 10 dez. 2014.

SILVA, Gabriele Mendes da. *A formação do professor de instrumento a partir das concepções de alunos e professores do curso de licenciatura em instrumento da UFPB*. Dissertação (Mestrado em Música) – Programa de Pós-Graduação em Música. Universidade do Estado de Santa Catarina, Florianópolis, 2011.

SILVA, Jaqueline Alves da. *Ensino coletivo de violão*: concepções e práticas em uma escola particular de educação básica de João Pessoa. 2012. 64 f. Monografia (Trabalho de Conclusão de Curso) – Licenciatura em Música, Universidade Federal da Paraíba, João Pessoa, 2012.

SILVA, Juremir Machado da. *O que pesquisar quer dizer*: como fazer textos acadêmicos sem medo da ABNT e da CAPES. Porto Alegre: Sulina, 2010.

SILVA, Rafael R. da. *Gestão de sala de aula na educação musical escolar*. 2014. 145 f. Dissertação (Mestrado em Educação) – Programa de Pós-Graduação em Educação, Pontifícia Universidade Católica do Rio Grande do Sul, Porto Alegre, 2014. Disponível em: <http://repositorio.pucrs.br/dspace/handle/10923/5804?locale=pt_BR>. Acesso em: 15 dez. 2014.

STAKE, Robert E. *Pesquisa qualitativa*: estudando como as coisas funcionam. Porto Alegre: Penso, 2011.

SZYMANSKI, Heloísa (Org.). *A entrevista na pesquisa em educação:* a prática reflexiva. Brasília: Liber Livro, 2004.

TANAKA, Harue. *Escola de samba Malandros do Morro*: um espaço de educação popular. 2003. 250 f. Dissertação (Mestrado em Educação) – Programa de Pós-Graduação em Educação, Universidade Federal da Paraíba. João Pessoa, 2013.

THIOLLENT, Michel. *Metodologia da pesquisa-ação*. 10. ed. São Paulo: Cortez, 2000.

TURA, Maria de Lourdes Rangel. A observação do cotidiano escolar. In: ZAGO, Nadir; CARVALHO, Marília Pinto; VILELA, Rita Amélia Teixeira (2003). *Itinerários de pesquisa:* perspectivas qualitativas em sociologia da educação. Rio de Janeiro: DP&A, 2003. p. 183-206.

VIANNA, Heraldo Marelim. *Pesquisa em educação:* a observação. Brasília: Liber Livro, 2007.

VIEIRA, Sônia. *Como elaborar questionários*. São Paulo: Atlas, 2009.

VIVA a produtividade. *Veja*, São Paulo, ed. 2133, ano 42, n. 40, p. 126, 7 out. 2009.

WEBER, Regina. Relatos de quem colhe relatos: pesquisas em história oral e ciências sociais. *DADOS – Revista de Ciências Sociais.* Rio de Janeiro, vol. 39, n. 1, 1996, p. 163-183.

YIN, Robert K. *Estudo de caso*: planejamento e métodos. 3.ed. São Paulo: Bookman, 2005.

ZAGO, Nadir. A entrevista e seu processo de construção: reflexões com base na experiência prática de pesquisa. In: ZAGO, Nadir; CARVALHO, Marília Pinto; VILELA, Rita Amélia Teixeira (2003). *Itinerários de pesquisa:* perspectivas qualitativas em sociologia da educação. Rio de Janeiro: DP&A, 2003. p. 287-309.

ZAVAGLIA, Tércia. Critérios de validade científica nas ciências humanas. *Educação*, Santa Maria, v. 33, n. 3, p. 469-480, set./dez. 2008. Disponível em: <www.ufsm.br/revistaeducacao>.

Fone: 51 99859.6690

Este livro foi confeccionado especialmente para a
Editora Meridional Ltda,
em Adobe Garamond Pro, 11/15 e
impresso na Gráfica Ideograf.